2016年度国家民委民族问题研究项目“美国部落学院（大学）营运现状与发展研究”
（2016-GME-026）最终研究成果

高等教育管理与改革

美国部落大学
营运现状与发展

甘永涛 著

The Operation Status and Development of
Tribal Colleges and Universities in the United States

科学出版社
北京

内 容 简 介

本书通过对美国部落大学改革与发展的研究，意在为我国少数民族高等教育研究提供一些基础性理论参考，为我国处在重要发展时期的少数民族高等教育的理论研究提供一些基础性探索。采用多学科研究视角，以少数民族高等教育相关理论为主要理论出发点，结合文献分析法、文本分析法和典型案例法，了解美国部落大学的营运现状与发展问题，从中了解美国部落大学面临的机遇与挑战，希望通过总结美国部落大学营运发展历程中的经验教训，为我国少数民族高等教育事业的发展提供多方面的思考、指导和建议。

本书的目标读者是民族教育学、教育人类学、学前教育学、民族学、人类学、管理学、心理学、社会学领域的高校教师及本科生、研究生，以及各级各类教育行政管理人员。

图书在版编目（CIP）数据

美国部落大学营运现状与发展 / 甘永涛著. —北京：科学出版社，2017.11

ISBN 978-7-03-055620-2

Ⅰ.①美… Ⅱ.①甘… Ⅲ.①少数民族教育-高等教育-研究-美国 Ⅳ.①G759.712

中国版本图书馆 CIP 数据核字（2017）第 288589 号

责任编辑：乔宇尚 / 责任校对：樊雅琼

责任印制：张欣秀 / 封面设计：润一文化

编辑部电话：010-64033934

E-mail：psy_edu@mail.sciencep.com

科学出版社出版

北京东黄城根北街 16 号

邮政编码：100717

http：//www.sciencep.com

北京建宏印刷有限公司印刷

科学出版社发行 各地新华书店经销

*

2017 年 11 月第 一 版 开本：720×1000 B5

2017 年 11 月第一次印刷 印张：11 3/4

字数：237 000

定价：82.00 元

（如有印装质量问题，我社负责调换）

前　　言

高等教育被认为是有助提升民族和国家竞争力的教育系统，在民族和国家发展层面占据重要地位，而学力与学历上的教育落差，不仅影响少数民族的个体能力与竞争力，也将成为民族发展的不利因素，少数民族人力资源的提升将受阻碍。《国家中长期教育改革和发展规划纲要（2010—2020年）》指出，要加快少数民族高等教育事业的发展，培养大批少数民族人才。本书以美国部落大学营运的发展与概况为主题，首先探讨美国部落大学民族教育的内涵与价值，了解其历史背景与演化，以其为论析基础，再探究美国部落大学的使命宣言、印第安文化课程、治理、评鉴等营运现况，继而论述美国部落大学发展的成效与面临的挑战，以其成功经验为我国借鉴。

本书除前言与参考文献部分，总共分为八章，具体安排如下：

第一章，绪论。对美国部落大学研究的价值与意义进行解析，并对美国部落大学营运现状与发展研究的方法进行阐述。

第二章，部落大学的概念与解析。该章探究部落大学的范围、定义、名称、功能与特质，为更深入了解部落大学，对美国公、私立高等教育与部落大学对原住民族的影响进行比较。

第三章，美国部落大学的历史。美国高等教育体系是世界上最为发达的体系。在其发展过程中，美国作出了很多实践用以解决印第安高等教育问题。该部分拟对美国部落大学的历史演进作一考察，在其历史进程中发生了从殖民地时期、联邦时期、新政时期再到部落大学运动兴起的过程，这一发展过程随着政治、经济、社会、文化的时空改变，有其自身的历史脉络。

第四章，美国部落大学使命宣言。使命宣言已成为美国部落大学重要的策略管理工具，也是大学组织优质管理的重要因素。该部分以网络搜寻美国部落大学的愿景、使命、任务/宗旨、策略、理念、目标、核心价值等内容，分析美国部落大学使命宣言的组成要素，并探求美国部落大学使命宣言的管理意蕴。

第五章，美国部落大学印第安文化课程。为反映印第安部落的需求与部落大学设置的宗旨，印第安文化课程规划首重部落的需求及部落的特色，结合部落的环境和部落文化，并将其整合产生学术理论，但又不失部落实务工作。同时着重产业发展、自然资源管理、家庭与部落发展问题，保存族群与部落的文化和语言等。该部分从反映部落大学的内涵和价值出发，对部落大学印第安文化课程进行了分类与管理的分析，接下来对部落大学的印第安文化课程设置进行了探索，并寻求使命宣言与印第安文化课程之间的内在关系，最后对印第安文化课程在部落大学遭遇的实际问题进行解析。

第六章，美国部落大学治理。英国殖民时期，视印第安部落为独立国家，实行印第安保留地制度。由于保留地属性复杂，导致印第安部落、联邦政府与州政府关系呈现出复杂且多元化的特征。整体而言，印第安高等教育治理问题由来已久。该部分试图对美国印第安高等教育治理整体框架、治理关系的历史演变、法理基础、理性模式与美国部落大学治理模式对比、治理结构与运行等问题进行考察探索，寻找答案。

第七章，美国部落大学评鉴。高等教育认证是一个以院校自我评估和同行评价为基础，以满足公众问责和提高学术质量为目的的过程。部落大学同样属于其中重要一环，部落大学的发展和管理也受到美国高等教育认证机构的影响。该部分首先针对部落大学评鉴的理论进行探讨，分别说明部落大学的意义、目的、内容及需求，再从理论层面进入实务领域，依序说明美国部落大学评鉴的实施方式、执行单位及实施现状。

第八章，对我国民族院校发展的思考。该章就政策上的支持、民族院校联络网络、民族院校的应对三个方面思考我国民族院校的发展。

本书对美国部落大学营运与发展的探讨，仅概略地陈述其历史、营运及现况，从高等教育的层面并非仅止于此，其他重要的议题也在学界被广泛提及，例如，非保留地少数民族的高等教育问题和非部落大学的原住民族学生教育问题，原住民族学生的中途辍学、学习适应、文化认同等都亟待改善。国内也有类似的问题，例如，少数民族学生离开民族地区到新的学习环境去，往往要花很长一段时间来适应，如何解决这一问题是少数民族高等教育发展的一项重要内容。而民族地区高等教育与我国民族院校如何营运将影响我国少数民族整体教育发展与促进教育均衡发展。

本书通过对美国部落大学改革与发展的研究，意在为我国少数民族高等教育研究提供一些基础性理论参考。对美国部落大学营运的研究可以弥补我国民族教育研究领域及比较研究领域的一些缺失，但就我国目前的研究状况来看，这一区域尚且是一个盲点。希望本书能拓展民族高等教育发展的研究，深化民族高等教育发展理论，在一定程度上强化民族高等教育公平发展的价值取向，提升我国少数民族与民族地区人民整体素质，促进实现少数民族与民族地区高等教育发展的奋斗目标。

甘永涛

2017年8月

目　录

图 目 录

表 目 录

第一章

绪　论

美国原住民族（Native American）传统的教育以部落长老的口传心授为主，年轻一代与族长之间维持着亦师亦友的关系，部落的长者被视为智慧的宝库而备受尊敬，原住民族与自然和谐共存的部落哲学世代相传。

自哥伦布（Christopher Columbus）1492 年发现北美新大陆后，欧洲移民涌入北美，揭开了一段族群冲突的序幕。这一段族群"遭遇-冲突-协商"的过程弱化了原住民族的历史地位，文化传统也受到欧洲强势文化的挑战和影响，白人移民开始以原住民族的救赎者自诩，着手对原住民族进行改造，这个过程满足了白人优越感的扩张，欧洲文化中心的（Eurocentric）教育手段也成就了其政治、经济的目的。

早期的美国原住民族教育发展相当迟缓，殖民时期的英国殖民政府只提供原住民族以最基础的教育训练，虽然也有少数热心的白人传教士试图改善原住民族的高等教育，但成效不彰。一直到 20 世纪中期美国原住民族才逐渐发展出高等教育的蓝图，部落大学运动应运而生，历经半个世纪的稳定成长，已为原住民族培育了为数不少的高等人才。

第一节　美国部落大学研究的价值与意义

就世界整体趋势观察，20 世纪 60—70 年代是原住民族发展的关键时期，许多国家如美国、加拿大、澳大利亚、新西兰等对其原住民族政策展开检讨，并采取了大幅度的修正。之后原住民族议题也逐渐受到国际组织的关注，如 1989 年国际劳工组织通过的《独立国家原住民族及部落民族公约》（*Convention Concerning Indigenous and Tribal Peoples in Independent Countries*）与 2007 年联合国通过的《联合国原住民族权利宣言》（*United Nations Declaration on the Rights of Indigenous Peoples*）等。自治是原住民族政策的主要诉求，除了免受歧视以保障民族平等外，不被同化，要求赋予自决和自主权，维护民族的生存、发展与尊严更是原住民族积极争取的目标。

随着时代变迁，全球已迈入信息科技与知识经济时代，知识经济的首要资源是人力资本，欲使知识经济成长，需仰赖高等教育及终身教育（包含成人教育和社会教育等）。又因人力资本源自高等教育，终身教育则可厚植人力资本，因此前述教育被视为知识产业，也是知识经济时代的先导性产业。

据统计，美国原住民族自中等教育之后的教育阶段表现不佳，学习意愿低落，教育成就差距随着教育阶段升高而加大，于是在高等教育阶段甚至终身教育层面，原住民族都处于弱势与不利的地位。为改善原住民族这种地位，美国政府对于原住民族中等教育之后的教育提出了应对措施。

高等教育被认为是有助提升民族和国家竞争力的教育系统，在民族和国家发展层面占据重要地位，而学力与学历上的落差，不仅会影响少数民族的个体能力与竞争力，也将成为民族发展的不利因素，少数民族人力资源的提升将受阻碍，因此本书将以探讨美国部落大学营运为主。

美国原住民族高等教育自 20 世纪 70 年代后期开始发展，通过美国原住民族与政府推展原住民族高等教育政策并建构其体系，至 20 世纪七八十年代发展成熟且具成效。为促进美国部落大学教育体制及质量发展以协助改善原住民族的弱势地位，期待未来美国部落大学进一步发展，对我国民族高等教育有所启发。本书以美国部落大学为研究对象，期望给予我国民族高等教育发展提供一些思考与参考。

美国独立后强调要将境内所有族群融入美国社会，如《独立宣言》中所代表的正义、民主、自由的社会。不过美国社会仍普遍存在着种族歧视，民主、自由与平等需要靠族群自身的觉醒与努力争取。美国原住民族在主流文化的排挤下，一直处于社会边缘，受世界原住民族自主与自决潮流的影响，美国原住民族的自我意识提升，为维护自身权益，开始组织原住民族权利团体，采取相关请愿与抗争活动。为响应外界要求，考虑教育公平与正义原则，美国政府陆续编订保障原住民族权益的教育法案与措施。

20 世纪之后，美国致力于高等教育机会的普及化发展，在此理念之下，美国高等教育机构多元化发展，就读高等教育机构的学生人数更是逐年升高。根据美国教育审议委员会（American Council on Education）的报告显示，1968 年美国人口就读大学的比例为全球之冠。1875—1950 年，美国大学院校学生数量每隔 15 年即增加一倍；20 世纪 50—60 年代，则是每 10 年增加一倍；1986 年，全美大学生约 1200 万人；到 2007 年，美国就读高等教育者约有 1800 万人。根据 2006 年美国人口普查局（The United States Census Bureau）的人口统计调查报告，原住民族人口数约有 450 万人，占全美总人口数的 1.5%。本次的人口普查报告也调查原住民族的自我认同，认为自己为纯原住民族者约有 290 万人，占全美总人口数的 1.0%，认为自己兼具原住民族血统与其他血统者约 159.9 万人，约占全美总人口数的 0.5%。该统计数据显示，原住民族占总人口数的比例极低，为美国的少数族群之一。

相较于美国高等教育的蓬勃发展，美国原住民族在高等教育领域的求学之路并不顺遂。美国联邦教育统计中心（National Center for Education Statistics，NCES）的年度调查报告呈现，1976—2006 年原住民族学生的入学率远低于平均值，显示其在高等教育上的弱势，而 1976—2006 年，原住民族学生的高等教育入学率呈现缓慢增长现象。

研究显示，美国原住民族教育自从20世纪60年代以来出现以下问题与现象：

1. 原住民族教育水平有待提升

从2006年美国人口普查局的人口统计调查报告可以知道，原住民族在高等教育机构的就读比例不高，印第安学生就读后期中等教育的辍学率高。为了原住民族整体与个体自身的发展，应吸引原住民族学生入学，提升其受教育意愿。

2. 不利的受教环境

文化差异导致印第安学生在正规的教育体制中必须忽视自身文化价值，接受主流社会的文化价值。在这种情况下，原住民族学生将渐趋远离自身的传统文化，导致原住民族文化产生传承的危机；同时，由于价值观的差异，原住民族学生无法完全适应学校环境，也是其辍学率高的原因之一。

3. 原住民族教育体制的建构

20世纪70年代之后，美国政府认识到原住民族议题的重要性，也了解原住民族本身的教育需求不同于其他群体，开始立法保障原住民族的教育权，允许原住民族建构合乎自身需求的教育体系，并成立相关部门，推出相关配套措施。

由于美国高等教育的特点在于响应外在环境的需要，深受外在环境的影响，部落大学在当时环境背景的影响下应运而生。历经20世纪60年代的觉醒思潮后，民权运动逐渐开展，当时少数族群的权利逐渐受到重视。同时美国高等教育正值快速发展时期，各州大量设置社区学院；此外，根据研究，美国原住民族学生的辍学率高、升学率低，后期中等教育的升学率仅约15%，能获得学位者微乎其微。

在民族濒临瓦解之际，为了唤起原住民族的意识，保存部落文化与提升能力，部落领导者认为只有建立一个属于部落的教育机构，才能脱离这种依赖的桎梏。在此风潮引领下，美国原住民族逐渐重视自我的公民权与教育权，而原住民族高等教育的议题在当时开始受到大众关注，由此推动成立了原住民族高等教育相关机构。20世纪60年代后形成了一股部落大学的成立风潮，1968年第一所部落学院——纳瓦霍社区学院（Navajo Community College，1997年后更名为迪内学院，Diné College）成立，至 2016 年美国境内设立 40 所部落大学。一方面借由部落大学保留并传承部落文化，另一方面也希望提升族民的人力素质，以改善原住民族的高失业率状况，进而帮助族民拥有更稳定的生活，能够适应现代社会，这也是部落大学落成后最重要的目标。

从美国联邦教育部与联邦教育统计中心的统计资料中得知，2006 年在部落大学注册入学的学生数共有 17 255 名，其中原住民族学生占 79%。美国印第安高等教育协会 2007 年的年度报告显示，一方面，美国原住民族学生如果想继续就读后期中等教育机构，多以当地的部落大学为优先就学目标。印第安人认为，印第安部落内的教育体制相较于美国式的教育体制，较能满足印第安学生对于教育和生活的需求。另一方面，美国部落大学的就读人数有逐年上升的趋势。

部落大学在原住民族高等教育领域耕耘多年以来，对于原住民族产生了许多实质上的帮助，其成功推行的事项含以下五个层面：

1）文化层面：可达成原住民族文化存续与复兴的功能，学校成为原住民族文化研究与学术中心。

2）教育层面：包含提高原住民族学生就学意愿、广开原住民族学生高等教育受教机会、树立族民的学习典范及以学校作为社区学习中心四项具体成效。

3）社会层面：学校成为社区服务中心，通过教育和计划的提供，原住民族社会弱势地位得到改善。

4）政治层面：反映地方自决与自治功能，促进原住民族自主与自决的体现。

5）经济层面：提高原住民族就业率，促进当地部落的经济发展，改善原住民族经济状况。

通过部落大学的教育，受教育者不仅能获得文凭或证书，也有助于求职，就连在族群认同与价值观的意识建构方面，也都产生了深远的影响。这显示出部落大学的独特性，且确实有存在的必要性与重要性。

二十世纪六七十年代美国社会运动频繁，经济全球化的发展趋势也要求美国社会关注弱势群体的发展，社会中越来越多的人开始反思部落大学。在这种背景下，美国学者和印第安裔教育家从不同的角度对部落大学进行研究，理论成果越来越丰富。

从美国印第安人坎坷的高等教育发展历程中总结经验教训，可使我国少数民族高等教育的发展少走弯路。近年来，中央实施西部大开发战略，希望进一步缩小东西部地区的差距，建立和谐社会，这就迫切需要发展西部地区少数民族的教育，尤其是少数民族高等教育。高等教育在少数民族地区社会发展中的作用日益突出，是促进地方经济建设和政治稳定的重要途径。但是，由于社会变革的速度在不断加快，许多少数民族传统文化消逝，文化成为一种抽象的符号；少数民族居住地经济发展仍然滞后。这些现实问题，都是我国政府需要解决的。如何更好地发挥高等教育的功能，也是我们高等教育工作者需要思考的问题。鉴于美国部落大学的稳定发展，对原住民族产生了许多实质效益，我们有必要借鉴。

然而，民族地区高等教育的发展进程仍然滞后于社会改革和发展的进程，如：民族地区高等学校布局不平衡、学校规模小、教育经费来源少等，尤其是在一些民族种类多而且人口稀少的偏远地区，这些少数民族上大学的机会更少。因此，满足更多少数民族高等教育的需求，应引起党和国家的重视。本书以探讨美国部落大学营运的发展与概况为主题，首先探讨美国部落大学民族教育的内涵与价值，了解其历史背景与演化，以其为论析基础，再探究美国部落大学的使命宣言、印第安文化课程、治理、评鉴等营运现况，继而在此基础上讨论美国部落大学发展面临的挑战，以其有益的成功经验为我国参考与借鉴。

第二节　美国部落大学营运现状与发展研究的方法与逻辑

本书采用的研究方法主要有文献分析法、历史分析法、文本分析法、典型案例法与比较法，在此基础上对研究目的、研究流程和内容架构进行了深入阐述。

一、研究方法

1. 文献分析法

本书采用文献分析法与文件分析法。文献分析法是借由搜集美国部落大学的历史发展书籍、论文、期刊及网络文献，作为本书论析之基础；而文件分析法是通过美国原住民族法令规章、政策、教育统计资料、官方报告、研究报告、印第安高等教育协会文件，探究原住民族高等教育网络实施内涵与成效。

通过国内图书馆、学术机构、电子数据库与相关的网站收集数据，获得相关法令规章、统计资料、官方报告、研究报告、书籍、期刊及硕士博士论文等文献与文件，探究下列研究重点：美国原住民族的教育统计资料；美国原住民族高等教育的发展和现况；美国原住民族高等教育法案与政策。

2. 历史分析法

本书用一章的篇幅来分析美国部落大学的历史，使我们对其有一个全面、清楚的了解。这不仅是本书的重要组成部分，也为分析现实问题提供了重要的基础。

3. 文本分析法

本书对 12 所美国部落大学的使命宣言文本进行了解析，从使命宣言的组织哲学、组织目标、组织定位、人才培养、社区服务、部落文化传承与创新这 6 个要素逐一分解，探讨其对于美国部落大学管理的意蕴。

4. 典型案例分析

选择迪内学院、龟山社区学院等作为重点案例，深度分析美国部落大学内部治理结构、运行机制与特征，并以 12 所部落大学的使命宣言文本作为案例进行深度剖析。

5. 比较法

本书主要采用纵向和横向比较法。除了对美国部落大学的历史与现状进行比较外，对美国部落大学发展的现实问题进行了分析。从纵向来比较，揭示出有利于美国部落大学发展的因素，并预见其发展趋势。从横向来比较，由于美国部落大学的发展过程中出现的问题与我国少数民族高等教育存在相似之处，揭示美国部落大学的内在规律，可为我国少数民族高等教育的发展提供一些借鉴。

二、研究逻辑

综上所述，本书研究目的如下：

1）了解美国原住民族高等教育的历史发展和背景因素。

2）探讨美国部落大学的功能、现况与困境。

3）探究美国部落大学使命宣言的现况及管理意蕴。

4）论析部落大学印第安文化课程的内涵与价值、分类与实践问题。

5）剖析美国部落大学治理整体框架、模式、结构、运行与困境系列问题与特征。

6）分析部落大学评鉴的理论、现况与问题。

7）综合研究结果，提出结论与建议。

本书依据以下流程进行研究：

1）提出研究问题并确定研究主题、研究动机、研究目的。

2）确定研究范围、研究对象与研究局限。

3）搜集相关资料与文献。

4）整理、分析与解释所得的各项资料。

5）拟定研究问题并加以分析。

6）根据分析与解释的资料提出结论与建议。

本书主要分为绪论、部落大学的概念与解析、美国部落大学的历史、美国部落大学使命宣言、美国部落大学印第安文化课程、美国部落大学治理、美国部落大学评鉴、对我国民族院校发展的思考八章。

第二章

部落大学的概念与解析

本章探究部落大学的定义、名称、特点与相对优势。为更深入了解部落大学，也对美国公、私立高等教育与部落大学对原住民族的影响进行了比较。

第一节　部落大学的概念及其定位

本节探究部落大学概念的界定，再分析其定位及该类学校的特殊性。

自从 1968 年原住民族第一所部落大学——纳瓦霍社区学院正式成立，至 20 世纪 80 年代初，美国已有 15 所性质相同的部落大学成立。截至 2016 年，美国境内已设立 40 所部落大学。这些学校的设立都秉持着相同的理念。以下将先说明部落大学的名称与设校的法源基础，理清部落大学的基本概念。

一般常见的部落大学英文名称有三种：Tribally Controlled Colleges、Tribal Colleges 和 Tribal Colleges and Universities。Tribally Controlled Colleges 是 1978 年《部落自主社区学院援助法案》初立法时，专指由部落自主管理的部落社区学院。三者以 Tribal Colleges 和 Tribal Colleges and Universities 较为常见，内涵较广泛，都是指称肩负印第安文化传承使命的原住民族高等教育机构，且通过联邦政府的特许成立。美国政府、社会、学界指称与运用该类学校的概念时，以广泛定义为主，故本书也采用广泛定义。

举例来说，卡内基基金会分别于 2005 年、2006 年公布高等教育六大分类架构，其分类标准有六项：①以高等教育机构的规模与环境分类；②参考大学部学生背景；③以本科生与研究生入学的比例分类；④参考大学课程属性；⑤以研究所课程区分；⑥基础分类。其中的基础分类三项里，美国卡内基教学促进基金会是以 Tribal Colleges 作为美国高等教育机构基础分类项目之一，是指隶属美国印第安高等教育协会的学院和综合性大学者。

通常美国部落大学设立在保留地，为保留地的社区与部落服务，有别于一般的社区大学。美国部落大学的定位存在十大方向：①培育人才；②实施知识解放；③建构原住民族文化知识体系；④帮助参与部落发展；⑤帮助就业、提升经济及生活品质；⑥传递社会发展资讯；⑦进行国际原住民族文化交流；⑧影响政府的原住民族政策及法会制订；⑨让原住民族尽早迈入“公民社会”；⑩帮助原住民族从农业经济跨越工商经济、追赶知识经济时代。

第二节　部落大学名称与经营理念

美国部落大学通常以地名或部落作为名称依据，其经营理念以“传承族群生命、再现部落价值”为主轴，传承部落精神，探索部落发展的生机，服务于原住民族部落的保留地社区。

一、美国部落大学名称

美国大部分部落大学通常以地名或部落名称作为部落大学的名称依据，如密歇根州的米尔斯湾社区学院（Bay Mills Community College）、纳瓦霍技术学院（Navajo Technical College）、蒙大拿州的黑脚族社区学院（Blackfeet Community College）、丰迪拉克社区学院（Fond du Lac Community College），见表 2-1。

表 2-1　美国部落大学概览

名称	地点	设立时间（年）	特许部落	授予学位
Bay Mills Community College	Brimley，Michigan	1984	Bay Mills Indian Community	副学士
Blackfeet Community College	Browning，Montana	1979	Blackfeet Tribal Business Council	副学士
Cankdeska Cikana Community Col- lege	Fort Totten，North Dakota	1974	Sprit Lake Sioux Tribal Council	副学士
Cheyenne River Community College	Eagle Butte，South Dakota	1978	Cheyenne River Sioux Tribal Council	副学士
College of the Muscogee Nation	Okmulgee，OK	2004	the Muscogee Creek National Council	副学士
College of the Menominee Nation	Keshena，Wisconsin	1993	Menominee Nation	副学士
Navajo Technical College	Crownpoint，New Mexico	1993	Navajo Nation	副学士
Dull Knife Memorial	Lame Deer，Montana	1971	Northern Cheyenne Tribal Council	副学士
D-Q University	Davis，California	1975	Coalition of 19 tries and bands	副学士
Fond du Lac Community College	Lame Deer，Montana	1987	Fond du Lac bands of Lake Superior Chippewa	副学士
Fort Belknap College	Cloquet，Minnesota	1988	Gros Ventre and Assinboine Tribes	副学士
Fort Peck Community College	New Town，North Dakota	1978	Assinboine and Sioux Tribes	副学士
Lac Courte Oreilles Ojibwa Community College	Hayward，Wisconsin	1982	Lac Courte Oreilles bands of Lake Superior Chippewa	副学士
Leech Lake Tribal College	Cass Lake，Minnesota	1992	Leech Lake Tribal Council	副学士
Little Big Horn College	Crow Agency，Montana	1980	Winnebago Tribe	副学士
Diné College	Tsaile，Arizona	1968	Navajo Nation	副学士
Nebraska Indian Community College	Winnebago，Nebraska	1979	Omaha Tribal Council Santee Sioux Tribe，and Yankton Sioux Tribe	副学士
Little Priest Tribal College	Winnebago，NE	1996	Winnebago Tribe of Nebraska	副学士
Northwest Indian College	Bellingha，Washington	1983	Lummi Indian Business Council	副学士
Oglala Lakota College	Kyle，South Dakota	1971	Oglala Sioux Tribal Council	硕士、学士、副学士
Salish Kootenai College	Pablo，Montana	1977	Confederated Salish and Kootenai Tribal Council	学士、副学士
Sinte Gleska University	Rosebud，South Dakota	1970	Rosebud Sioux Tribal Council	硕士、学士、副学士
Sisseton Wahpeton Community College	Sisseton，South Dakota	1984	Sisseton Wahpeton Sioux Tribal Council	副学士
Sitting Bull College	Fort Yates，North Dakota	1986	Standing Rock Sioux Tribe	副学士
Stone Child College	Box Elder，Montana	1984	Chippewa Cree Business Committee	副学士
Turtle Mountain Community College	Belcourt，North Dakota	1972	Turtle Mountain band of Chippewa	副学士
United Tribes Technical College	Bismarck，North Dakota	1987	North Dakota Development Corp（repren-ting 4 tribes）	副学士
Haskell Indian Nations University	Lawrence，Kansas	1970	Federally Chartered	学士、副学士
Institute of American Indian Arts	Santa Fe，New Mexico	1962	Congressionally Chartered	副学士
Southwest Indian Polytechnic Institute	Albueuerque，New Mexico	1971	Federally Chartered	副学士

续表

名称	地点	设立时间（年）	特许部落	授予学位
Tohono O'odham Community College	Sells，Arizona	1999	The Tohono O'odham Legislative Council	副学士
American Indian College	Phoenix，Arizona	1972	不详	学士、副学士
Bacone College	Muskogee，Oklahoma	1880	the Creek Tribal Council	副学士
Nazarene Indian Bible College	Albueuerque，New Mexico	1975	不详	学士、副学士
White Earth Tribal and Community College	Mahnomen，MN	1997	White Earth Reservation Tribal Council	副学士

资料来源：http：//sites.ed.gov/whiaiane/tribes-tcus/tribal-colleges-and-universities/

美国部落大学主要分布在中西部和西南部，部落大学服务于大约 35 000 全日制和非全日制的学生。据 2010 年秋季的数据[①]，美国印第安人和阿拉斯加原住民族（AI/AN）大学生占部落大学的 78%。该比例正呈逐年增加的趋势。据美国国家教育统计中心数据显示，美国印第安人和阿拉斯加原住民族（AI/AN）学生就读的美国部落大学 2001—2015 年间增长了 23%。

美国部落大学是保留地社区不可或缺的重要部分，创造了能够促进美国的印第安文化、语言和传统的环境。它们往往是原住民族部落保留地内部的一些最贫穷的农村地区唯一的高等教育机构。美国部落大学服务于各种人群，从年轻人到老年人、印第安人和非印第安人。它们还作为重要的社区资源，服务于社区发展，并为降低贫困和失业率带来希望。部落大学是美国民族高等教育重要的组成部分，为社会发展作出了独特的重要贡献，尤其对于保留地的族群发展、部落文化的传承、部落保留地的现代化发展发挥了巨大的作用，在美国少数族裔高等教育中发挥了不可替代的作用。

二、美国部落大学的经营理念

关于部落大学的经营理念，部落大学的设置有别于一般大学，以及公民教育导向的社区大学。所以认为部落大学的筹办应以“传承族群生命、再现部落

① U.S. Department of Education. Tribal Colleges and Universities. White House Initiative on American Indian and Alaska Native Education. http://sites.ed.gov/whiaiane/tribes-tcus/tribal-colleges-and-universities/.

价值”为主轴的部落大学，而办学理念则以根植部落的教育、开创原住民族部落的生机、重建原住民族群的尊严及营造多元文化的社会四大理念为主。

结合学者观点与相关文献资料分析，美国部落大学经营理念具体分为以下两方面：

（一）强调以印第安教育“部落化”来培育部落人才的教育模式

受 20 世纪 50—60 年代民权运动及黑人解放运动的影响，部落大学的设置理念异于美国的一般主流大学和一般社区大学，最大的特色是强调部落自治、传承部落文化、启动部落教育的传统机制、唤醒部落的传统文化与部落生命的记忆。根据文献资料显示，美国部落大学认同教育对提升部落族人的意识、充实原住民族的文化内涵及改善原住民族的社会条件。希望借助部落大学的成立，启动属于原住民族传统教育的机制，以传承传统部落文化为其使命，点燃部落内部日渐消逝的生命之火，从而让美国印第安教育“部落化”。一方面凸显美国印第安教育的自治地位；另一方面强调印第安部落语言、历史与文化的传承与发扬。从这一点，我们还可以看出，美国部落大学的经营理念中着重服务于印第安部落社区，培养部落人才，弘扬部落文化。

（二）向建立民族大学的理想迈进

原住民族追求民族自治已然成为时代趋势。在达到民族自治的理想前，建构属于原住民族知识的教育体系则是必要之举。这不仅符合重建与活化原住民族部落的精神与目标，也能够汇整部落的资源，让美国原住民族在蕴含自己传统文化之教学与环境下学习成长。除此之外，也能够培育保留地原住民族的部落精英，让更多部落人才能继续承担传承保留地的使命，推动美国原住民族高等教育发展。美国部落大学的经营理念以族群文化、部落知识与部落自然资源为立足点，通过原住民族部落社区大学提供原住民族学习与参与的机会，以凝聚原住民族对自我族群的集体意识，强化对部落、对文化之认同感，进而结合部落特有的文化资本、部落知识、空间环境及自然资源与产业等独特资源，发展符合部落原住民族文化与环境之独特经营模式，结合部落产业资源，创造或提供各种就业机会。

综合以上不同角度的分析，美国部落大学经营理念主要包含部落精神的发扬及尊严的维护，部落观点的部落教育及建构知识主体性，强调结合就业以开创部落生机及提供多元的学习环境。另外，部落大学执行单位也提出较为实际的观点，包含培育部落人才及领导走向多元文化社会。部落大学通过部落知识系统的建置，以及部落为基础的教育，是要找回部落的主体性及价值，发扬并传承部落精神、文化，进而创造部落发展的生机，服务于原住民族部落的保留地社区。

第三节 部落大学的作用

第一，部落大学在原住民族社区中扮演着积极而且重要的角色。它提供部落社区各种必要的协助，包括社区中的基础教育、成人教育、咨询服务及经济发展等。由于许多原住民族保留地地处偏远，和外界的联系不易，一方面部落大学既针对这种特性而设立，给予社区部落相关的资源和协助，另一方面社区也可以利用部落大学的设备来从事文化教育工作。原住民族保留地的经济基础薄弱，部落社区的失业率较高，经济的发展受到很多限制。为此，部落大学也提供了相关扶助，例如，提供商经管理课程供选修，成立经济事业发展中心提供咨询服务并协助个人或团体在企业上的发展。

第二，部落大学也提供许多原住民族文化语言课程供学生修读。大学聘任族里具文化特长的人士授课，主要目的在于保留及传承原住民族的文化和传统，提升原住民族学生的族群文化认同。此外，部落大学的硬软件设施也开放给社区及部落使用，使大学与社区紧密联结，社区人士也可以修习部落大学所提供的文化语言课程。原住民族在某种程度上对高等教育有特别的疏离感，而部落大学充满原住民族文化的校园气息有助于减少原住民族对高等教育的陌生与排斥。

第三，部落大学也负起师资培育的责任。中小学师资的培育对部落中的基础教育而言相当重要，部落大学的主要任务即招募有志从事教职的原住民族知识青年，给予专业的师资培训后回到部落进行教学。由于地利之便，这些师资能够充分学习了解原住民族部落的文化特性，在教学时较可能注重学生的文化差异性，并且将社区文化融入课程中进行文化适应教学。此外，部落大学也提供在职教师专业发展的相关课程，教师能够借此吸收教育新知、参与研究及分享教学心得。

第四，由于大多数保留地经济停滞不前，部落大学还积极寻求促进地方经济发展的办法。除了增加创业商务课程，十几所高校赞助企业孵化器或小企业发展中心，以鼓励私营部门的增长。这些中心提供了一站式、以社区为基点的技术援助和咨询服务。例如，隆米保留地的西北印第安学院有其自身的商业援助中心，并在华盛顿的七个其他保留地建立了这样的中心。通过这一项目的远程教学，学生可以获得创业资格的证书。除了开设创业资格副学士学位课程外，哈斯克尔印第安民族大学还提供针对部落大学教师的培训计划，开发和讲授印第安企业家的案例。①

第五，大学为社区提供了许多服务，并作为部落成员的聚集点。部落大学的很多学生都承担着家庭的责任，学校常常在校园里为学生开办儿童日托设施。例如，1996—1997 年度就有十所学院提供了此类设施，广泛向社区居民开放。学校还提供非处方药物的服用咨询、营养咨询及其他服务。水蛭湖部落学院（Leech Lake Tribal College）还与部落政府“成长项目”展开合作，试图通过改善社区居民传统印第安谷类膳食结构，来解决保留地的糖尿病患病率高的问题。②

第四节 部落大学的特点

根据向明灿③、程明明④、周惠民⑤等学者的研究发现，部落大学有以下几大特点：

---

① American Indian Higher Education Consortium（AIHEC）. Tribal College：An Introduction［EB/OL］. http：//www.aihec. org/colleges/documents/TCU_intro.pdf. 2017-01-02.

② American Indian Higher Education Consortium（AIHEC）. Tribal College：An Introduction［EB/OL］. http：//www.aihec.org/colleges/documents/TCU_intro.pdf. 2017-01-02.

③ 向明灿. 美国印第安部落保留地的高等教育[J]. 世界教育信息，1998（12）：13-15.

④ 程明明. 美国部落学院与我国民族学院的比较研究[J]. 西北第二民族学院学报（哲学社会科学版），2005（01）：112-115.

⑤ 周惠民. 析论美国原住民高等教育的现况与发展[J]. 台湾“原住民”研究论丛，2007（1）：125-146.

一、较为偏远的地理位置

大部分原住民族保留地多位于地理位置较为偏僻且交通不如城市便捷之处，这也降低了保留地学生至其他高等教育机构就学的意愿。20 世纪 60 年代后，为扩增原住民族（特别是居住于保留地原住民族学生）就读高等教育的机会，在部落族人与其部落政府合力向联邦政府申请特许状后，在偏远的美国中西部保留地设立部落大学，同时请求联邦政府给予部落大学与社区相关的资源和协助。

二、相对落后的教育水平

由于资源贫乏与地理位置的影响，原住民族学生缺乏外界刺激，原住民族传统文化和主流文化产生文化冲击及文化差异，致使学习事倍功半，其学习意愿与成效也较其他族裔的学生低落。根据美国联邦教育统计中心 2008 年的统计数据显示，原住民族整体教育水平低于全美平均值。为了增进原住民族的学力与学历，使其生存于现代社会，相关部门希望借由部落大学的设立，增加原住民族的竞争力。

三、多元化的资金来源

因为部落大学的特殊性质，学校的资金来源包含一般教育和原住民族的教育资助。部落大学主要以联邦政府拨款经费为核心运作资金，约占营运经费的七至八成。同时，也收到来自其他方面的资金援助，例如学费，联邦政府附属行政机关、州政府或部落自治政府计划补助，美国印第安学院基金会与印第安高等教育协会募款、合作计划经费，或社会团体与私人捐赠。

四、特殊的就学对象

部落大学的设置本是针对原住民族群体，部落大学大多数由一个或多个部落特许建立。根据统计资料显示，部落大学的学生有八成以上具有印第安籍[①]。

① 周惠民. 析论美国原住民高等教育的现况与发展[J]. 台湾“原住民”研究论丛，2007（1）：125-146.

五、协助存续与发扬原住民族文化

部落大学的成立宗旨即首要任务为使学生了解他们的文化遗产，通过文化的了解，提升学生对原住民族文化的认同，进而爱护原住民文化，协助保存、延续与发扬原住民族文化。通过原住民族传统课程，原住民族学生能更了解族群文化，提高学习兴趣，增进传统文化语言的使用率。通过学术研究的发表，发扬原住民族独特的文化。为使学生体验更传统、更真实的原住民族文化，部落大学有权聘任部族里具备文化特长的人士授课。

此外，部落大学的软、硬件设施也开放给社区及部落使用，社区可以利用学校的设备来从事文化教育工作，使学校与社区间的关系日渐紧密联结，期望达成社区学校化、学校社区化的目标。

六、多元化的教育目标

部落大学中的原住民族文化课程，一方面能让原住民族传承自身文化，同时，通过部落大学实用性强的职业课程教授专业技能，使原住民族能习得一技之长，拥有基本的谋生能力。另一方面，部落大学也提供补救教学或是学术课程，提供欲升学者专业学识的课程，以便使其衔接一般高等教育课程。

七、独特的课程规划

部落大学不仅提供原住民族语言文化与职业训练课程，同时也提供一般高等教育机构原有的传统学科课程。部落大学的授课内容多是从美国印第安人的角度出发进行设计，包括原住民族语言和文化课程，避免原住民族文化遗产的消失，希望通过有系统的教育体系达到保存目的，也凸显其教育内容的独创性。

八、办学层次多样性

部落大学的课程设计以满足社区居民需求为优先考虑，部落大学可提供学生修习副学士、学士与硕士课程，课程领域广泛，包含人文、理工、艺术教育领域，或其他职业教育训练课程或计划。

九、积极提升当地的经济发展

所有部落大学设置的根本目标是通过原住民族高等教育，推动当地经济发展，让美国印第安人能自给自足地生活。

在经济基础不佳的状况下，部落经济的发展受到很多限制。为了振兴部落经济、培育原住民族人力资源，部落大学提供相关辅助，开设商经管理选修课程，成立经济事业发展中心，提供个人的职业发展咨询、企业问题咨询等咨询服务。

第五节　公、私立高等教育与部落大学教育对原住民族的影响

2007年美国高等教育政策中心、美国印第安高等教育协会、美国印第安学院基金会出版的报告中，比较了高等教育领域里公立教育、私立教育与部落大学教育对原住民族经济、社会的影响，据此凸显部落大学办学的优点与特殊性。

接受公立高等教育与私立高等教育，对于原住民族产生的四大利好：提升就业率，减低对社会福利制度中公共经费援助的依赖，提升民众的健康水平，增强原住民族的公民责任感。而部落大学的高等教育机制，不仅具有上述的四项利好，更对原住民族产生经济与社会两大效益。就经济效益而言，能提升毕业生的就业率；以社会效益来说，能有效保存原住民族语言、文化与传统，强化文化、语言的使用程度。对统计数据比较分析后，各类型教育对于原住民族产生的好处有各自不同的优势。以私立高等教育而言，产生的经济效益有：毕业生族民薪资与事业获利的提升，就业率、储蓄率的增加，工作环境的改善，个人专业能力提高；社会效益包含：促进身体健康与提升家庭生活水平，提高消费时的判断力，提高个人地位，享受更多的休闲娱乐活动。

从公立高等教育来看，同样具有五项经济效益：提高生产力与消费力，增加税收和人力资源，降低对政府福利政策与经费补助的依赖。社会效益包含：

降低当地犯罪率，增加慈善活动与社区服务，改善居民生活质量，促进民众欣赏多元化社会，促进社会和谐，提高信息科技使用能力。

美国部落大学教育对原住民族而言，产生的经济效益共有五点，分别是：促进部落的人力资源与技术的发展，造就社区更多领导人才与小型商业机构，促使部落经济成长，让毕业生能于保留地工作、贡献所长，增进当地农业发展与土地利用，产生更多经济效益。就社会层面而言，设有部落大学的保留地社会问题有减少趋势，学校成为创设维护传统文化、语言的中心，帮助延续文化、为保留地原住民族提供更多高等教育机会，协助技术转移并扩展技能知识，完善社区服务与辅导计划。

第三章

美国部落大学的历史

美国高等教育体系是世界上最为发达的高等教育体系。在其发展过程中，美国付出了很多实践用以解决印第安高等教育问题。

印第安人教育在美国历史上是作为一种社会问题而存在的。20 世纪 50— 60 年代，印第安人通过“民权运动”实现“教育自决”之前，印第安人教育长期未受到联邦政府的重视，学术界相关的研究也不多。直到印第安人走上教育自决之路，美国学术界才掀起了研究印第安人教育的热潮，开始出现专门的期刊刊载印第安教育研究的文章。如亚利桑那州立大学创办《美国印第安人教育期刊》，为研究印第安人教育开疆辟土。此后，关于印第安人教育研究的专著和学术论文如雨后春笋般不断涌现。关于美国印第安教育史主要有 Reyhner 和 Eder 对殖民时期印第安人的教育状况进行了详细的研究，介绍了这一时期印第安人教育的特点。[①]Szasz 研究了 1928—1973 年美国印第安教育是如何实现教育自决的。[②]Adams 对 1928—1975 年这一历史阶段美国印第安学生在白人寄宿学校接受的教育进行了介绍，认为这是一种文化“破坏性教育”[③]。两本著

① Reyhner J，Eder J. A History of Indian Education［M］. Norman：University of Oklahoma Press，2004：165.

② Szasz M. Education and the American Indian：The Road to Self-determination Since 1928［M］. New Mexico：UNM Press，1974：1-5.

③ Adams D W. Education for Extinction：American Indians and the Boarding School Experience，1875-1928［M］. Kansas：University Press of Kansas，1995.

作从不同的角度来研究同一历史阶段美国印第安人的教育特征。

美国部落大学的成立对整个印第安人教育的发展具有划时代的意义，是印第安人教育发展史上的重要分水岭，标志着印第安人掌握了教育的主动权。自20世纪60年代美国印第安人实现教育自决以来，印第安人教育问题引起了很多学者的关注。就部落大学的历史发展方面的研究而言，主要有两个倾向。一个是对部落大学自成立以来的发展概况进行梳理，如Raymond在其硕士学位论文中把部落大学的发展历程分为建立初期、发展中期、发展现状三个阶段，并在每一个阶段选取有代表性的部落大学进行介绍，以此来说明具体的发展状况。[①]Coleman从美国联邦政府与部落大学的关系入手，对部落大学的发展历程、学生的纪律要求、课程内容、学校的教职人员做了系统的研究。这是关于部落大学的一本非常系统详细的著作。[②]以上著作都是从宏观角度对部落大学进行研究。Oltrogge在其博士学位论文中详细介绍了部落大学的历史及其重要意义[③]，Honena在其博士学位论文中对部落大学的宗旨、学历、资格证书、课程内容做了详细的研究[④]。另一个倾向是很多学者选取某一所部落大学为研究对象，从个案着手进行研究，如Bauer、Crawley、Oltrogge等学者都是从对具体某一所部落大学的发展现状及问题的分析中寻找部落大学发展的一般规律。

本章拟对美国印第安高等教育的历史演进作一考察，以加深我们对这一进程的了解。

第一节　殖民地时期的美国原住民族高等教育

16—18世纪北美政治权力主要分属于各殖民宗主国，政治与社会局势也因各国的管理政策而产生变化，因此该时期被称为殖民地时期。

---

① Raymond J H. A History of American Indian Tribal Colleges[D]. Wilmington College，2004.

② Coleman M. C. American Indians，the Irish，and Government Schooling：A comparative Study[M]. Lincoln：University of Nebraska Press，2007.

③ Oltrogge M P. A History and Case Study at a Selected Tribal Colleges[D]. Capella University，2010.

④ Honena V. American Indian Tribal Colleges：Mission Statements，Degrees and Certificates，and American Indian Courses [D]. University of Idaho State，2011.

15 世纪后，英国、法国、瑞典、荷兰与西班牙鉴于丰富的美洲大陆资源，纷纷出兵殖民北美。当欧洲殖民者到达北美后，认为原住民族印第安人是“野蛮人”或“凶残的杀人者”，对印第安部落进行烧杀抢掠，掠夺殖民地资源。在此殖民时期，英国及西班牙殖民宗主国与北美原住民族共同签订统治条约，商定英国、西班牙两个殖民政府共同管理原住民族，并通过与原住民族协商的方式决定政策，这些条约在当时被视为最高法令。

该时期殖民宗主国与原住民族部落间存在条约协商关系，殖民者逐渐承认印第安部落具有独立主权，但仍认为印第安文化是一种低级文化，因此通过教会教育教化印第安人，使得印第安传统社会的文化价值、生活技能和认知方式被几种霸权文化取代。也由于殖民政府通过政治、经济、宗教、教育四种手段，彻底分离了原住民族与其依存的土地，掠夺原住民族的生存权利。

哥伦布登陆新大陆之前，印第安部落拥有自己的教育形式，他们通过家庭和部落传授给儿童生产技能和生活经验，教育内容与生活密切相关，并以讲故事的教育方式解释部族的起源、部落社会角色与人生存在的目的。①殖民地宗主国除了通过武力使原住民族屈服外，为维持长治久安，仍须通过教育的力量教化民众。北美原住民族接受西方欧式教育与宗教教育之后，自 17 世纪开始，印第安人传统的生活模式逐渐被改变，逐渐遵循白人文化体系，能与白人和谐相处，且适应白人的教育模式。此阶段整体教育特色为教会教育为主，以下就高等教育阶段进行分析。

殖民地时期的印第安人教育主要由教会负责，在牧师和传教士的指导下，印第安人学习读书、演算和教义问答，课程的设置以向印第安人传授新的文明生活方式为目的。17 世纪以来，哈佛学院（Harvard College，后改为哈佛大学，Harvard University）、威廉与玛丽学院（College of William and Mary）、达特茅斯学院（Dartmouth College）等相继成立，这些学院都把为印第安人提供知识和宗教方面的教育作为自己的任务之一。殖民统治者把教育当作使印第安人文明化和宗教化的工具，但这些学院授课的牧师对于印第安传统的文化、教育和社会

① 李慧清. 美国卡内基高等教育机构分类法的新变化［J］. 当代教育论坛，2006（12 上）：128-133.

习俗缺乏了解，使印第安学生在这些学院的入学率与毕业率都很低，如殖民地时期仅 1 名印第安人从哈佛学院毕业，威廉与玛丽学院每年也仅仅招收 8～10 名印第安学生。

本阶段的高等教育主要有两个发展趋势：一是基于传教目的，教会热衷资助北美原住民族高等教育；二是北美印第安学生首度有机会进入高等教育机构就学，这是原住民族高等教育史上重要的里程碑。

1. 教会热衷资助北美原住民族高等教育

北美原住民族高等教育起源于殖民地时期，当时最具办学热忱的英国拟为印第安人设立学院，但是该项计划最终因资金滥用和战争爆发而宣告失败。不过后续仍有许多教会资助原住民族高等教育，例如：①福音传播会领导人罗伯特·博伊尔（Robert Boyle）创立的博伊尔教育基金会（The Boyle's Educational Foundation），创会目的在于资助印第安学生；②宣扬基督教知识协会（Society for Promoting Christian Knowledge，简称 SPCK）在美国各地普设图书馆、慈善学校及免费的教义问答学校，协助提升印第安人的知识水平。

2. 原住民族学生始有机会进入高等教育机构就读

除了教会对高等教育的资助外，为使原住民族接受完整的欧洲教育，提升教育水平，需要培养美国印第安籍的高级知识分子，认同欧式教育以协助推广殖民宗主国文化。白人筛选出极少数原住民族学生到高等教育机构就读，但试验的性质大于慈善的目的，这些高等教育学府包括哈佛学院、威廉与玛丽学院，达特茅斯学院。

（1）哈佛学院

1636 年哈佛学院的设立，代表美国当地民众的奋斗成果，也代表殖民政府对殖民地高等教育的重视。该校创校初期的教育目标为：增进文艺及科学的知识，同时将教育对象扩及印第安人，尤其关注印第安年轻学子，使他们行为良善且兼具知识水平。为了迎合原住民族学生的需求，在考虑当地受教育者大多身兼数职、对实用技能需求较高的状态后，将原本偏向学术理论性质的大学教育转向教授更多具有实用性的知识技能。

1656 年，哈佛学院为响应教会与联合殖民委员会（Commissioners of United Colonies）等团体与运动人士之要求，同时为达到设校目标，创设“印第安学院”（Indian College）并招收第一批印第安学生修习预科教育。在随后的 40 年，印第安学院陆续培养了 6 名原住民族大学生，不过后来却因招生效果与教育成效不理想，致使印第安学院另作他用。由上可以知道，虽然哈佛学院招收印第安学生的名额不多，但从印第安高等教育史的角度来看，具有深刻的意义。

（2）威廉与玛丽学院

1693 年创设的威廉与玛丽学院，以培养印第安人才为教育使命，并肩负向印第安人宣扬福音的功能。该学院设有四个教学单位：①神学学院，教导希伯来文、经文及神学，主要培育福音牧师；②哲学学院，教导修辞、逻辑、伦理、物理、形而上学及数学；③古文学院，教导希腊文及拉丁文；④印第安学院，教导印第安学生读、写、算（reading、writing、arithmetic）的基础能力及与基督教相关的规定、习惯养成。据此，其他学院主要以高深知识基础为教育内涵，而印第安学院却是以教导印第安的基础能力为主，由此可见印第安学院的教学内容与其他学院存在巨大的差异，因此学生养成能力与发展也有所不同。此外，该学院也运用博伊尔基金会的资助款设立了一所印第安文法学校，为即将就读大学的印第安学生提供预科教育。

（3）达特茅斯学院

1769 年公理教会设立达特茅斯学院，是由中等学校转型而来。该学院将印第安人列为培养对象，并通过教育和宗教的结合，宣传基督教福音，促使印第安人成为虔诚的基督徒。

殖民地时期，虽然殖民地政府运用各种方式推动原住民族教育发展，尤其是借助宗教力量教化原住民族，但印第安人的识字率仍然很低，1698 年时仅约 1.4%的印第安孩童识字。在高等教育领域，殖民时期的原住民族高等教育大致是失败的，主要原因是原住民族部落对白人霸权文化的抗拒，原住民族学生的高等教育低入学率与低毕业率，这表明印度安学生在白人设立的高等教育机构内受到文化冲击且知识基础不足。他们对这些侵略者尝试粗暴地改变他们生活方式的企图充满敌意，虽然少部分白人表达了一些善意，试图帮助原住民族青年在大学里学习更专精高深的学问，但只有极少数原住民族能够忍受学习环境的困难和文化认同的冲突，许多原住民族学生因无法适应而辍学，回归部落的生活。原住民族大多希望维持固有的生活方式与教育模式，对于白人对原住民族高等教育上的努力，部落的长老与领导者大多数是抗拒且不信任的。

殖民地时期的结束也意味着美国联邦政府与原住民族的敌对关系趋于缓和，除了给予原住民族较大的自主性外，联邦政府也开始关注美国原住民族教育的发展，但是主要的政策倾向还是企图同化原住民族，帮助他们适应白人社会的价值、信仰与文化。原住民族各部落对白人的态度并不一致，虽然有些部落对白人还有相当的敌意同时拒绝他们的教育方式，部分部落较“开化”（civilized）的原住民族家长，持开放的态度让子女接受白人的教育，甚至有些部落的家长主动把孩子送到大学去学习。

第二节　联邦时期：1780—1926 年

美国独立后，权力中心转至联邦政府，原住民族管理权同为联邦政府所有，原住民族政策主要由联邦政府负责拟订与推行。因此将这一时期称为联邦时期，代表联邦政府对原住民族的主导权。

独立后的美国仍遵循殖民地时期的惯例，将印第安部落视为主权者，双方签订的条约都经过国会生效。表面上，两者签订条约的法定权力等同于是国家对国家的关系，但事实上，签订条约的内涵并非实质平等，且美国政府也没有完全实践，印第安民族逐渐成为美国的族裔之一。

美国历任总统对于原住民族政策的方向大同小异，政策的主要导向也以同化为主，但各届总统对原住民族的尊重态度各有差异。以下列举几位观念较特殊或是推行重要政策的美国政治人物，了解其对于原住民族政治态度之差异：美国第一任总统乔治·华盛顿（George Washington，1732—1799）推行文明化政策，承认印第安人拥有土地所有权，印第安政策最终目的仍是促进印第安人的文明化，通过《贸易及交流法案》（*An Act to Regulate Trade and Intercourse naith the Indian Trides，1790*）为原住民族提供物资与金钱，以达到文明教化印第安人的目的。托马斯·杰斐逊（Thomas Jefferson，1801—1809）主张隔离但平等的政策，当时杰斐逊领导的政府主张印第安人与白人地位平等，认为应借此让印第安教育融入美国主流社会。杰斐逊的印第安民族治理政策主要有二：①“隔离但平等”，首先建议将生活在美国东部地区的印第安部落强制迁移至西部地区，降低冲突产生；又强调印第安人与白人平等的概念，政府应帮助其迈向文明化的生活生产方式。杰斐逊采取的印第安政策后来成为美国政府印第安政策的基本方向，决定此后印第安民族的命运。②他希望白人与印第安人彻底混合，鼓励双方居住同区与通婚。原本联邦政府印第安的文明化措施没有引发原住民族过激的反应，但 1812 年的战争与 19 世纪 30 年代的西迁政策，破坏了联邦政府与印第安之间的信任关系，印第安人渐渐认为美国政府的西部垦荒政策，以维护印第安传统为借口，指定某些区域为原住民族保留地，实际是掠夺原住民族的原居住地、用政治手段合理化无理行径。

19 世纪 30 年代初期，联邦政府废除同化政策，在《印第安人迁移法案》颁布后作为施政的主要导向，实施印第安人保留地制度，直到今天仍在推行。由于历任总统政策理念的差异，对于印第安民族迁移政策施行措施略有差异，以下列举观点较鲜明的两位总统为例。

安德鲁·杰克逊（Adrew Jackson，1829—1837）总统是西迁政策首行者。他主张采取恩威并施的手段，一方面实施原住民族迁徙政策，另一方面采取温和的同化措施。1830 年《印第安人迁移法案》实施后，政府强迫原住民族移往未开发的西部地区。另一位总统是尤利西斯·辛普森·格兰特（Ulysses Simpson Grant，1869—1877），他是力行和平制度者，主张印第安政策宗旨仍为同化政策，以和平方式进行原住民族的西迁政策，并由军事力量保护印第安领土，但如果印第安人不肯迁往保留地，官方仍以强制执行的方式贯彻迁移政策。在格兰特总统执政时，美国出现史上第一位印第安籍的印第安人事务局（The Bureau of Indian Affairs，简称 BIA）局长艾莱·巴克（Ely Parker）负责执行同化政策，在其任职期间尽力确保政府履行与印第安人签订的条约和应尽义务。由上可见政府对于印第安事务的改革与重视，不仅尝试新的管理方式，也将印第安人纳入管理系统中。由于格兰特总统推行印第安政策的态度较开明，无论是印第安民族的管理政策或是人事任用方面均有所突破，作风深得印第安人拥护，在历史上写下新的一页。

在社会状况方面，美国独立后，社会状况逐渐恢复稳定的局势，但美国政府颁布原住民族西迁政策后，把原住民族带入了不安与民族离散的窘境。此一时期政治对社会影响非常大，因此接下来将以政治局势分期为基础，对各时期的社会情形进行解析。

十八世纪八九十年代，是美国独立革命精神高亢的黄金时代，美国独立初期政府主张印第安人与白人应拥有平等地位，所以印第安民族也应该享有对等权利。为使印第安民族融入美国主流社会，政府对印第安民族负有教育之责，让印第安民族接受与认同美国主流文化，协助原住民族文明化。

1830 年的原住民族迁移政策使联邦政府达到统治与同化原住民族目的，但也为原住民族社会带来极大冲击，有三个重大的负面影响：①原住民族被迫与原先居住的土地分离，同时也破坏了传统部落及制度规则；②迫迁政策冲散了一些族群之间的血统关系，使原住民族身份认定产生混淆；③原住民族教育和其预订计划被迫中断，其中一例是使 Chakchiuma 部落筹建高等教育学院的计划宣告失败。

19 世纪 80 年代最后一次印第安战争结束后，印第安人保留地首次变成一个较为封闭的区域，也使印第安民族迈向“文明化”“美国化”的脚步逐渐缓慢下来。

由于美国政府执政者的理念给原住民族教育政策带来的差异，本阶段以政治情势分期基础，探讨高等教育的趋势与内涵。

1. 美国独立时期（1776—1820 年）

美国政府初创时期，依照殖民宗主国的施政惯例，给予原住民族较大的自主权。此时政府也开始关注原住民族教育的发展，以同化概念为政策的导向。原住民族各部落对白人教育的态度也各不同，有些拒绝，有些接受，甚至有些主动送原住民族学生就读大学。建国初期在“开化修好”政策之下，联邦政府帮助印第安人学习白人文化、社会传统、经济体制和政治传统。但在保留地制度建立之前，印第安人对于白人文明相当排斥，联邦政府的文明教育开展得并不成功，印第安人教育政策的实施比较滞后。保留地制度形成后，联邦政府掌握了印第安部落的管理权，开始逐步实施“强制同化”高等教育政策。

2. 原住民族西迁时期（1821—1927 年）

当原住民族迁徙至保留地后，部落民族的基础教育由于资源、经济的匮乏，导致教育营运困难，需依靠出售或出租土地以维持基础教育建设，此时联邦政府财政资助显得尤其重要，而政府也借此通过政策制定和经费补助影响原住民族高等教育。关于印第安人的受教育年限，印第安人事务局早期规定印第安人的义务教育到中学阶段终止。1819 年，美国国会通过了《印第安公民基金法》（*Indian Citizenship Fund Act of 1819*）①，对印第安儿童教育予以资助，对印第安人进行教化，使其融入美国主流社会。这一时期的美国公共教育系统并未形成，仅有小部分从事原住民族高等教育的宗教慈善组织从中获得资助。②但这一无意的“教育实践”却成了一个至关重要的转折点，激发了“文明化印第安人”的观念。

18 世纪中期，只有 Cherokee 和 Chakchiuma 两个部落有能力资助优秀学生就读大学。1870 年时，联邦政府迫于政教分离的压力，停止所有教会教育的项目资助计划，使得原住民族高等教育的营运更加艰难。如果印第安学生成绩优异，政府将会送其到一般大学念书，接受职业教育，并结合少许印第安艺术手工和文化产业教育，没有专属的原住民族高等教育机构出现。政府虽设立几所印第安专科学校，但只提供原住民族军事、农业、工业与家政工艺等基础训练课程。20 世纪 20 年代原住民族高等教育议题虽然曾引起关注，但讨论焦点在补助经费的筹措分配与降低原住民族学生的修课学分数。

19 世纪中期，在实用主义的概念影响下，联邦政府以 1862 年的《莫里尔法案》（*Morrill Act*）作为规划公立与技术取向学校制度的法源，成立赠地学院，该法案也影响原住民族高等教育机构的设立，增加原住民族学生平等入学的机会。在 1993 年《教育赠地地位平等法案》通过后，部落大学也具赠地学院的地位。

19 世纪 60 年代开始，美国政府要求所有 6～16 岁的适龄青少年接受学校教育。1868 年 11 月，印第安人事务局局长 Taylor N. G.向总统递交了《印第安人文明开化报告》（*Indian Commissioner Taylor on Indian Civilization*）③，强调文明开化的可行性，强调印第安人使用英语的重要性，强调通过统一的语言来造就

---

① Indian Citizenship Fund Act of 1819［EB/OL］. U. S. Statutes at Large.Vol. 3.1819：516. http：//memory.loc.gov/cgi-bin/ampage. 2015-07-22.

② 宋银秋. 美国政府强制同化印第安人教育政策的制订与实施（1877—1928）［D］. 长春：东北师范大学博士学位论文，2012：29-33.

③ Office of Indian Affairs. Indian Commissioner Taylor on Indian Civilization［R］. the Annual Report of the Commissioner of Indian Affairs. Washington D. C.：Government Printing Office，1868（11）：476-479.

统一的文明，建议制定强制性教育政策，在学校里开展唯英语教育。[①]1887 年的《道斯法案》(*Dawes Act of 1887*)[②]进一步推动了这一进程，《道斯法案》废除了部落土地所有制，使印第安社会解体，部落权威受到严重打击。该法阻碍了印第安人的统一与自治，同时对印第安人的传统文化传承产生了造成的损害。[②]见表 3-1。

表 3-1 20 世纪前的印第安人教育政策

年份	法案中文名称	英文名称	法案编号	主要内容变化	主要对象
1819 年	印第安公民基金法	*Indian Citizenship Fund Act of 1819*	[H. R. 6355] [P. 175]修正	资助印第安儿童的教育，实现教化印第安人	印第安儿童
1868 年	印第安人文明开化报告	*Indian Commissioner Taylor on Indian Civilization*	H.E.D. 40-1	强调通过统一的语言来造就统一的文明	印第安人
1887 年	道斯法	*Dawes Act 1887*	P.L.49-2	印第安人的统一与自治、印第安美国化、印第安人统一进入美国学校	印第安人

注："H. R. 6355"是"House of Representatives 6335"，"P. 175"是"Public No.175"，指的是众议院第 175 号法案。

"H. E. D. 40-1"是"House Executive Document No. 1, 40th Cong."，指的是第 40 届国会通过的众议院第 1 号行政执行文件。

"P. L. 49-2"是"Public Law 49-2"，指美国第 49 届国会通过的第 2 号法案。其他编号同理。

综上所述，在 20 世纪前，美国联邦政府在原住民族高等教育问题上采取的是"强制同化政策"，主要通过建立印第安学校，用英语统一传授给印第安人文化与知识，对印第安人进行公民意识教育、法制意识教育和信仰教育，以此推进印第安人文明开化进程。19 世纪末，印第安部落盛行的宗教仪式"幽灵之舞"是当时印第安人心态的最好体现，印第安人幻想将不再有疾病和痛苦，不再有压迫和欺凌，反映了当时印第安人逃避现实的态度，符合印第安人的基础教育体系远未形成、其高等教育更加遥不可及的状况。[③]

---

① Prucha F P. Documents of United States Indian Policy［M］. Lincoln and London：University of Nebraska Press，2000：122-126.

② Dawes Act （1887） [EB/OL]. U. S. Statutes at Large. Vol. 24. 1887. http：//www.constitution.org/uslaw/ sal/024_statutes_ at_large.pdf. 2015-07-22.

③ 傅林. 一个国家的悲剧，一个国家的挑战——美国部落学院的兴起与发展研究[J]. 四川师范大学学报（社会科学版），2013（2）：77-85.

第三节 印第安人的新政之路（1927—1968 年）

林达在《文明与野蛮——美洲印第安人的命运》一文中指出，“那是极为诡秘的旅程，从期待文明出发，不知不觉进入野蛮的沼泽”[①]，这是新政时期原住民族高等教育的真实写照。

美国当局曾在 1928 年的《默利尔姆报告》（*Meriam Report of 1928*）中提出，对印第安人的文化要采取尊重和保护的态度，美国政府应该改变原有的印第安民族政策，着手实施改革。《默利尔姆报告》认为联邦政府的土地分配政策和强制同化政策是彻底失败的，应增加印第安人卫生和教育的拨款；建议终止土地分配，给予印第安人土地所有权更多的保护；培养部落领袖，教会他们如何管理部落的政治和经济利益等。该报告震惊美国朝野，根据《默利尔姆报告》所提的建议，胡佛总统要求从 1930 年起，每年提供专款向印第安学校的学生提供必要的食物和衣服，1931 年这项费用增加至 310 万美元，其中每年 25 万美元的专项经费用于印第安人的高等教育和职业培训。[②]

在《默利尔姆报告》和 1933 年经济危机的双重影响下，美国联邦政府重新审视印第安政策，导致了印第安新政的出台。美国国会在 1934 年颁布了《印第安人重组法》（*Indian Reorganization Act of 1934*）[③]，彻底推翻了《道斯法》，是美国印第安历史上最具影响力的立法之一。它的主要内容包括：鼓励印第安人创建部落政府；印第安部落拥有立法权和自治权；对印第安大学生提供经费资助；为印第安大学生和职业院校学生提供贷款等。同年，约翰逊•奥马利法案（*Johnson-O'Malley Act*）[④]出台，进一步明确了对原住民族高等教育提供资助，与印第安人共同分担经济、社会和福祉的责任。

《印第安人重组法》是印第安政策一大转变，被称为印第安人“新政”的开

① 林达. 文明与野蛮——美洲印第安人的命运［J］.新世纪周刊，2013（13）：86-87.

② Lewis Meriam，et al. The Problem of Indian Administration［M］. Baltimore：Johns Hopkins Press，1928.

③ Indian Reorganization Act of 1934［EB/OL］. U. S. Statutes at Large.Vol. 48. 1934：984-988. http：//www.enotes.co/major-acts-congress/indian-repoganization-act. 2015-07-22.

④ Johnson-O'Malley Act 1934［EB/OL］. U. S. Statutes at Large. Vol. 48，1934：596. http：//www.constitution.org/uslaw/sal/048_ statutes_at_large.pdf. 2015-07-22.

端。该法案使美国政府承认印第安民族存在于美国独立之前，再次确认原住民族部落的独立主权，提供原住民族部落宪法（tribal constitution）制定权，规范个人身份认定（tribal membership）的标准，解决西迁后的身份认定混淆问题。《印第安人重组法》表面上看似给予原住民族自治权利，但是实际上，联邦政府却通过这项法案让联邦权力更深层地渗入印第安政府。影响印第安政府的权力核心是该法案的主要目的，使印第安政府的作为需要经过联邦政府同意后才得实施。

二十世纪三四十年代的系列法案推动联邦政府进行了印第安人教育方面的改革，使印第安人教育制度更加适应印第安人的文化背景和现实需要，帮助印第安人能够快速适应美国社会。新政改革主张恢复部落制度，保护印第安传统，赋予印第安人管理本族事务的自治权力。理论上来说，新政应有利于印第安民族的发展，有利于印第安传统的保护。但新政主要还是遵循美国白人社会的制度体系，而对原住民族高等教育的暂时性援助并未发生明显改善，新政终于伴随约翰·科利尔（John Collier）[①]的离职而宣告失败。

20 世纪 50 年代初实施的重新安置政策，实质是上一阶段新政的延续，并未有真正意义的改变。1965 年《高等教育法》（*The Higher Education of Act 1965*）[②]的出台，使印第安学生得以受惠。印第安学生除按规定获得资助外，对原住民族学生（包括印第安学生）进行肯定性行动配额。

1928—1968 年，联邦政府结束了印第安人的家长式统治（表 3-2）。在印第安人高等教育政策上，主张印第安人融入美国主流社会，但此举并未解决长期以来的原住民族高等教育问题。事实上，新政及后来的重新安置政策给印第安人的高等教育发展、与联邦政府之间的关系、与白人之间的关系都造成了恶劣的影响，而对原住民族高等教育上的特殊政策也产生了更多的社会负担和政府的财政负担等负面效应。

---

① 约翰·科利尔（John Collier），人类学家、作家、教育家。罗斯福新政期间，他被任命为美国联邦印第安人事务局局长。

② The Higher Education of Act 1965［EB/OL］. U.S. Department of Education. http：//www2.ed.gov/about/offices/list/oig/auditrpts/tighestate03102011.pdf. 2015-07-22.

表 3-2 原住民族高等教育政策的新政时期（1928—1968 年）

年份	法案中文名称	英文名称	法案编号	主要内容变化	主要对象
1928 年	默利尔姆报告	*Meriam Report of 1928*	无	增加印第安人卫生和教育的拨款，终止土地分配，给予印第安人土地所有权更多的保护	印第安人
1934 年	约翰逊·奥马利法案	*Johnson-O'Malley Act of 1934*	P.L.73-167	进一步明确了对印第安高等教育提供资助，与印第安人共同分担经济、社会和福祉的责任	印第安人
1934 年	印第安人重组法	*Indian Reorganization Act of 1934*	P.L.73-383	拨出专款来推动对印第安人文化的研究，包括艺术、手工艺、传统在内，为印第安人提供培训基金，为印第安大学生提供奖学金以资助其接受高等教育，印第安学校应调整课程设置，允许同时使用印第安人自己的语言和英语进行双语教学	印第安人
1965 年	高等教育法	*The Higher Education of Act 1965*	P.L. 89-329	印第安大学生也得到了很多资助。依据该法案，联邦政府对包括印第安人在内的少数民族提供肯定性行动配额	印第安大学生

20 世纪 30 年代是原住民族高等教育的一个关键期，主因国会于 1934 年通过《印第安人重组法案》，让部落政府（Tribal Government）获得制度化的保障，同时促使原住民族高等教育发展。这项法案的通过连带引起原住民族社会对高等教育的重视，许多部落要求政府正视原住民族高等教育人才严重缺乏的问题。联邦政府开始经费支持原住民族高等教育的扩充，帮助更多原住民族学生进入大学就读。

1932 年，印第安人事务局调查发现，全美仅有五所学校提供印第安人高等教育，且毕业者很少，由此可见当时印第安学生在高等教育的弱势处境。自从《印第安人重组法案》通过后，联邦政府开始经费支持原住民族高等教育的扩充，也设立奖助学金制度，嘉惠有志升学的原住民族学生。

当时原住民族事务局的教育政策着重在职业训练及英语教育，以培养原住民族基础生活能力为优先目标，较少对原住民族高等教育分进行实质规划。至 20 世纪 50 年代后期，估计有 2000 位原住民族学生进入大学，到了 1965 年增至 7000 位（约占新生数的 0.3%）。虽然观察入学数字发现原住民族大学生数量有快速成长的迹象，但原住民族大学生人数仅占总体原住民族人口的 1%，而历年原住民族大学新生入学数占不到全体新生的 1%，相较于其他族群的大学生比例，原住民族距离公平正义的教育原则仍有一大段落差。[①]

20 世纪上半叶，原住民族教育主要受到进步主义和美国化的影响，虽然许多印第安人居于乡村，但正规的学校教育正推行“工业教育运动”，再加上联邦政府也针对城市移民进行“美国化”政策，故原住民族教育仍以职业教育和技术训练为主，印第安人被迫进行“文化调适”，教育体制中缺乏原住民族传统知识的课程。

长久以来，美国政府以主流设计的高等教育模式套用于原住民族，完全忽视原住民族受教育的权益且未尊重原住民族文化的传承。不过由于美国高等教育的大众化发展、民权运动，以及原住民族重视教育者的数量与论调增长，促使原住民族重视自我民族的高等教育发展，从部落大学的设置到教育融入原住民族传统文化，使原住民族高等教育逐渐迈入自主时期，即一个全新的原住民族高等教育发展阶段。

第四节　部落大学运动

在 20 世纪的开端，白人曾经祈求印第安人能够宽恕他们的野蛮暴行，祈求和解、共同创造文明的新世纪未来，然而这一事实却发生在 60 年之后。20 世纪 60 年代，当民权运动发起后，联邦政府父权式、同化、白人的领导概念备受社会质疑，当民族自主运动开展后，印第安民族产生自觉与自决意识，逐渐向政府要求恢复原有的权力与权利。此后，印第安民族的主导权日渐提升。20 世纪 60 年代末，部落开始着手规划政府提供的经费来设计具有部落文化特性的教育方案及课程，并与当地社区合作培养原住民族人才并提供教育培训。1968 年第一所部落学院纳瓦霍社区学院成立，随后伴随部落、美国印第安高等教育联盟（American Indian Higher Education Consortium，简称 AIHEC）与原住民族人们的共同努力，联邦政府颁发系列法令、法案促进部落大学的成立，并于二十世纪七八十年代形成部落大学的建设高潮，席卷了整个保留地原住民族，这就是部落大学运动。

① 甘永涛，孟立军. 美国部落学院 （TCUs）学生状况探微[J]. 民族高等教育研究，2014（03）：10-17.

一、原住民族高等教育相关政策（1969—1978 年）

虽然原住民族高等教育的发展持续了几个世纪，但西方的教育方式导致原住民族文化、语言及传统风俗的迅速流失，原住民族学生在主流大学里遭到歧视、压迫，终致中途辍学。这些问题一直未被正视，许多学者甚至将原住民族的学业成就低落及高辍学率归咎于文化不利甚至是基因问题。表面上提供相当的经费来帮助学生进入大学就读，似乎已表现了政府关注原住民族高等教育的态度，但对于根本的体制性种族主义（institutional racism）问题却视若无睹，以致许多原住民族青年对大学教育望而却步。20 世纪 60 年代，原住民族精英开始思考原住民族高等教育自决自主的重要性，期望原住民族高等教育的发展能够带动原住民族语言、文化及民族认同的传承及复兴。这个时期，有些部落已开始着手用政府提供的经费来规划设计具有部落文化特性的教育方案及课程，并与社区学院合作提供场地和必要的人力资源，使原住民族青年学子可以就近学习自己的文化和语言，解决学习适应的难题。

1968 年纳瓦霍族部落成立的原住民族社区学院，是一所由原住民族设立、管理组织的大学，1971 年国会通过《纳瓦霍社区学院法案》（*Navajo Community College Act*）后，学院利用总数约五百万美元的经费逐渐扩建校地。纳瓦霍社区学院的设立对原住民族高等教育具有重大的意义，不仅为培育原住民族人才提供了重要的渠道，还提供可贵的示范经验，往后数年部落大学也都陆续在此基础下设立。纳瓦霍社区学院不同于一般主流大学的运作，在课程设计方面，学院有三分之一的课程是学术课程，三分之二是职业训练课程。如前文所述，纳瓦霍社区学院的成立提供了一个范例，并间接促成了 1978 年《部落管理社区学院法》（*Tribally Controlled Community College Act*）的通过。

美国部落大学成立主要集中在二十世纪七八十年代（见第二章表 2-2），在此期间政府也颁布了第一部有关部落大学的法案——《纳瓦霍社区学院法案》。紧接着于 1978 年，《部落自主社区学院援助法案》（*Tribally Controlled College University Assistance Act of 1978*）[①]颁布，对部落大学的界定进一步明确。指出

① Tribally Controlled College or University Assistance Act of 1978［EB/OL］. U. S. Statutes at Large，1978（92）：1325-1327.

部落大学应该是由印第安部落政府负责管理，学院的教育应以提高印第安人受教育层次、保护印第安文化为目标；在校学生大部分应为印第安人，强调联邦政府应该给予印第安部落大学提高经济资助。在 1969—1978 年这十年的时间里，美国原住民族高等教育法案的发展已成雏形（表 3-3)。1971 年《纳瓦霍社区学院法案》的颁布，反映出原住民族高等教育终于回到自治上来，这对于美国原住民族高等教育的发展起到了不可替代的作用，同时也为日后原住民族高等教育法案的发展奠定了坚实的基础。而 1978 年的《部落自主社区学院援助法案》作为一部完整的部落大学资助法案出台，代表美国联邦政府对于原住民族高等教育的尊重与支持。

1988 年《部落管理学校法》出台，进一步强调了部落自主管理原住民族高等教育的重要性，扩大了印第安部落对印第安人教育的自主管理权和决策权。美国部落大学的行政管理也致力于提高学生参加美国部落大学的教育机会。部落大学维护、保存和恢复本地语言和文化传统，提供高质量的大学教育，提供职业技术教育、职业培训和其他职业的建设方案，为一些国家的贫困和最偏远地区建设平台。

而 20 世纪 90 年代后美国联邦政府更是颁布了系列法案及总统行政命令，使原住民族高等教育政策走向了“自决之路”的精进阶段。

1969—1978 年这十年的时间里，原住民族高等教育政策得到了历史性的发展。1969 年，美国联邦政府在《印第安人教育：一个国家悲剧，一个国家挑战》（*Indian Education：A National Tragedy，a National Challenge 1969*）[①] 的报告中运用大量数据与事实，指出印第安人教育上的彻底失败，并由此造成印第安人的贫穷与困苦。1971 年，《纳瓦霍社区学院法案》授权政府对纳瓦霍社区学院提供财政资助，这部分资金不再下拨给印第安人事务局，而是直接提供给纳瓦霍部落议会[②]。《纳瓦霍社区学院法案》在提高印第安人接受高等教育和职业培训的机会的同时，

---

① Office of Indian Affairs. Special Subcommittee on Indian Education. Indian Education：A National Tragedy，a National Challenge 1969[B]. Washington D. C.：Government Printing Office. 1969：xi-xiv.

② Stein J W. The Funding of Tribally Controlled Colleges［J］. Journal of American Indian Education，1990（10）：66-78.

还保护了印第安人文化传统。1972 年，尼克松政府通过《印第安教育法》[①]，该法是第一部印第安人的联邦政府教育法案，使印第安人重获教育自治权。该法主张提高印第安儿童与成人的受教育机会，并对公立教育机构的印第安学生提高财政资助，为推动该法的有效实施，联邦政府设立专责行政机构以推广该法（表 3-3）。

1972 年美国《印第安教育法》的形成是美国印第安教育政策不断变化的结果，该法为美国建国以来第一部专门为印第安人制定的教育法，但其初衷并非美国政府明确的政策设计，而是出于对印第安教育的资金支持与中小学课程设计，表 3-3 从《印第安教育法》的主要目标、组成部分、资格与要求和其他重要考虑因素对该法进行解析。

表 3-3　1972 年《印第安教育法》的主要内容概览

主要目标	组成部分	资格与要求	其他重要考虑因素
总目标为美国印第安学生教育机会； 为当地教育机构提供资金支持，开发并实施了小学和中学课程，专门设计来满足他们的特殊教育和相关的需求	中小学校印第安人教育援助；支持规划、试点和示范项目；协助制定和建立教育服务和项目；培训印度教育人员；评价和技术援助	作为部落成员，地方教育机构要求单个儿童，或儿童的父母或祖父母需告知部落名称； 地方教育管理局是否有资格获得资助：①合格的美国印第安儿童数量至少达到 10；②够资格的印第安儿童在总人数中达到总人数的 50%。该条款不适用于阿拉斯加、加利福尼亚和奥克拉荷马，或相近的美国印度安保留地内； 根据这一法案，部落和部落大学也有资格获得授予。如果一个符合资格的学校不申请拨款，部落可以申请资助给在此类学校的儿童	印第安人事务局（BIA）*作为资助学校的地方教育管理局（LEA）*； 学生资格不一定是基于联邦政府认可的部落成员； 目前还没有一种机制来确定在这一法案下，多少部落成员可以得到多少收益

* BIA 指的是 Bureau of Indian Affairs；LEA 指的是 Local Education Authority

资料来源：Reinhardt，Martin J. A Comparative Socio-Historical Content Analysis Of Treaties And Current American Indian Education Legislation With Implications For The State Of Michigan[D].The Pennsylvania State University，2014：321.

1972 年《印第安教育法》是具有里程碑意义的立法，美国联邦政府致力于建立全面系统的方法来满足美国印第安人和阿拉斯加原住民族学生的独特需求。该法独特之处主要体现在六方面：

1）增加教育投入。该法为保留地和城市学校的印第安学生提供补充性和创造性项目资助，主要集中在研究、示范工程、教育服务工程和开发合适的双语课程

---

① The Indian Education Act of 1972. [EB/OL]. U.S. Statutes at Large. 1972（87）：700（s.d.） http：//www.constitution.org/uslaw/sal/087_statutes_at_large.pdf. 2015-07-23.

资料。政府承认有责任培养美国印第安人教师、学校管理人员和其他教育专家，并为印第安教师的专门培训计划提供资金。根据该法 A 部分规定：1973 年的捐款额每位印第安学生为 81 美元，总额 18 000 000 美元，获得补助的学生达原住民族学生的 59%；1980 年资金上升到 134 美元，获得资助学生达到 80%。根据该计划的第二年所发布的进展报告显示，该法总共提供了近 40 000 000 美元捐款，11 个州的原住民族学生入学人数以翻倍的速度增长，最为显著的则是阿拉巴马州和路易斯安那州，分别以 16 倍和 20 倍速度增长。

2）美国教育部（The U. S. Department of Education）监督资金拨款，但刻意回避对印第安人强加特定的教育议程。如该法规定公立学校不能将此项资金用于日常操作，但原住民族学校可根据需要进行支配。

3）该法鼓励美国原住民族积极参与原住民族教育系统的管理。为获得合法资助的资格，必须由家长咨询委员会参与与批准。该法让当地家长委员会全面参与公立学校的原住民族各项特殊资金项目，以及加强中小学学校课程发展及不同部落组织文化相关的资料等事务。该法规定：“根据法例资助的所有项目，必须与家长、学生和部落合作进行，以其决策与印第安人的期望结合……唯一拥有发言权的是美国原住民族自己。”该法力图通过合作方式消除原住民族与州政府之间原有的敌对关系，国会建立了“印第安国家”（Indian Country）外的法律机构让原住民族参与项目资助，使部落和社区成员为原住民族儿童提供资助成为可能，很大程度上让印第安民族能够参与项目当中从而成功执行。

4）承认美国印第安人具有独特特征，教育和文化相关的学术需求和独特的语言和文化的需求，该法规定：“所有的公立学校有 10 个以上的印第安学生有资格获得资助，旨在满足印第安学生的特殊需要补充的方案，包括使用文化相关和双语的资金课程教材”，并提出发展部落文化课程，大力主张提供聘请和资助原住民族教师，提供诸如实地考察专项资金项目等。

5）由美国联邦政府所颁布的综合性教育立法，涉及美国印第安人学前教育到研究生教育各层次，反映了美国政府对印第安教育参与的广泛性与系统性。

6）美国印第安人学生的教育需要得到美国政府重视，重申了联邦政府对有关美国印第安人和阿拉斯加原住民族的教育负有特殊责任。美国教育部专门成立印第安教育署（Bureau of Indian Education）和印第安教育国家咨询委员会（National Advisory Council on Indian Education）负责印第安相关教育事务。最为重要的是，该法力求实现美国原住民族同为“半自治”人民和美国公民的双重身份存在得到“和解”，即提供专项经费从而使美国原住民族无须在民族和国家之间作出选择。

政策执行是教育人员参与最多的一个过程，这里的行动者称为“执行者”，教育人员的执行者为部落与州相关行政人员。成功的执行依靠发展与维持“意愿”与“能力”的平衡。《印第安教育法》的颁布极大地推动了原住民族学校数量的增加，部落开始参与学校的管理，印第安人的教育权利状况也由此有了很大的改善，这为此后印第安教育政策的制定奠定了基础。但因为各种缘由，使这部 1972 年发布的《印第安教育法》的执行效果并不理想。

尼克松总统与联邦政府实行的印第安教育政策出现了矛盾。一方面，制定《印第安教育法》的出发点在于对印第安人实施安抚政策，平息动荡的政治局面。另一方面，美国同化教育思想根基非常深厚，种族歧视严重，印第安教育法执行的过程中没有真正得到贯彻与落实。例如中小学校的课程中并没有对印第安文化进行系统介绍。针对此种状况，美国政府也对《印第安教育法》执行过程的困境做出回应。美国印第安教育法的后期修订见表 3-4。

表 3-4　美国印第安教育法修订汇整表

年份	法令编号	中文名	英文名	修正内容
1974 年	PL 93-380	家庭教育权与隐私权法案	*the Family Educational Rights and Privacy Act of 1974*	补充印第安教师培训项目和奖学金计划
1975 年	P. L.93-638	印第安人自决与教育援助法案	*Indian Self-Determiation and Education Assistance Act of 1975*	明确了美国印第安人对于本民族教育的自主权，印第安部落有权参与联邦政府为印第安人实施的教育项目与计划的管理
1981 年	PL 100-297	整笔拨款批准的教育整合改进法案	*Block Grants sanctioned by the Education Consolidation Improvement Act*	美国印第安寄宿学校有资格申请的财政补贴；授予天才教育

续表

年份	法令编号	中文名	英文名	修正内容
1994年	PL 103-382	增进美国学校教育法	*Improving America's Schools Act of 1994*	印度安教育作为ESEA的第九（Title IX）的A部分，提出对印第安学生财政补贴需要一个全面的计划，以满足美国印第安人和阿拉斯加原住民族学生的学术和文化相关的学术需求
2001年	PL 107-110	不让一个孩子掉队法	*No Child Left Behind Act*	印度安教育作为《不让一个孩子掉队法》第七的一部分。财政补贴是根据各州的学术内容和学生学业成绩的标准，用于所有的学生，旨在帮助印第安学生达到这些标准

资料来源：http：//www2.ed.gov/about/offices/list/oese/oie/history.html，2016-03-07.

根据美国《印第安教育法》修订的汇整表，其修订重点如下：

1. 增加专款预算

修订内容明确规定中央政府应宽列预算，专款办理美国印第安人教育；范围逐步拓宽；各级政府应鼓励各类组织、团体及个人捐资兴助美国印第安人教育。

2. 明确运行机制

联邦政府有义务帮助印第安人实现自治，鼓励印第安部落接管联邦政府为印第安人设立的项目，实现从联邦政府管理到印第安人自治的过渡。

3. 明确保护印第安文化

修订内容包括保护美国印第安传统文化，增加印第安文化课程及学术需求。

4. 提供就学补助

修订内容增订对于美国印第安学生就读中等教育的机会，应增加财政补贴。

5. 保障美国印第安人学生入学机会

法案修订应保障美国印第安学生入学机会，必要时采取额外保障方法办理；保障培育美国印第安人之人才。

1969—1978年，美国联邦政府颁布了一系列印第安原住民族高等教育相关的法案（表3-5）。

1972 年《印第安教育法》使印第安教育系统逐日完善，印第安教育的形式也逐渐丰富多样化，尽管没有针对部落大学作为专题进行阐述与规定，但本法无疑为美国部落大学建立与发展奠定了坚实的法律基础。同年，美国印第安高等教育联盟（American lndian Higher Education Consortium，简称 AIHEC）成立，联盟由各个新成立的印第安社区学院的董事组成。[①]AIHEC 的成立无疑是推动美国部落大学运动的最大功臣。

1975 年颁布的《印第安人自决与教育援助法案》（*Indian Self-Determination and Education Assistance Act of 1975*）[②]明确了印第安人对于本民族教育的自主权，印第安部落有权参与联邦政府为印第安人实施的教育项目和计划的管理。规定美国大学内应开展关于美国印第安人的研究，明确了联邦政府和州政府和部落的印第安教育局应该承担的角色。该法案的实施极大地提高了印第安人进行部落管理和部落教育管理的自主权。1978 年，《部落自主社区学院援助法案》[③]颁布，对部落大学的界定进一步明确，指出部落大学应该是由印第安部落政府负责管理，学院的教育应以提高印第安人受教育层次、保护印第安文化为目标；在校学生大部分应为印第安人，强调联邦政府应该对印第安部落大学提高经济资助。1988 年《部落管理学校法》出台，进一步强调了部落自主管理原住民族高等教育的重要性，扩大了印第安部落对印第安人教育的自主管理权和决策权。[④]

表 3-5 原住民族高等教育政策的产生（1969—1978 年）

年份	法案中文名称	英文名称	法案编号	主要内容变化	主要对象
1969 年	印第安人教育：一个国家悲剧，一个国家挑战	*Indian Education: A National Tragedy，a National Challenge (1969)*	S. R. 91-501	历史的角度回顾美国国家印第安人教育政策和立法，联邦设立的印第安人学校，运用大量数据承认印第安人教育政策上的失败	印第安儿童

① 李慧清.美国印第安人高等教育的历史发展［J］. 内蒙古师范大学学报（教育科学版），2008（5）：51-54.

② Indian Self-Determination and Education Assistance Act［EB/OL］. U. S. Statutes at Large. Vol. 88.1975：2203-2214. http：//www. constitution.org/uslaw/sal/088_statutes_at_large.pdf. 2015-07-23.

③ Tribally Controlled College or University Assistance Act of 1978［EB/OL］. U.S. Statutes at Large，1978（92）：1325-1327. http：// constitution.org/uslaw/sal/092_statutes_at_large.pdf. 2015-05-29.

④ Tribally Controlled Schools Act of 1988［EB/OL］. U. S. Statutes at Large. Vol. 102. 1988：385-387. http：//www. constitution.org/uslaw/ sal/102_statutes_at_large.pdf. 2015-07-21.

续表

年份	法案中文名称	英文名称	法案编号	主要内容变化	主要对象
1971 年	纳瓦霍社区学院法案	*Navajo Community College Act of 1971*	不详	资金不再拨给印第安人事务局，而是直接提供给纳瓦霍部落议会	纳瓦霍社区学院学生
1972 年	印第安教育法	*Indian Education Act of 1972*	P.L. 92-318	第一部专门为印第安人而制定的教育法案	印第安儿童
1975 年	印第安人自决与教育援助法案	*Indian Self-Determination and Education Assistance Act of 1975*	P. L.93-638	明确了印第安人对于本民族教育的自主权，印第安部落有权参与联邦政府为印第安人实施的教育项目和计划的管理	印第安儿童
1978 年	部落自主社区学院援助法案	*Tribally Controlled Community College Assistance Act of 1978*	P. L. 95-471	指出部落大学应该是由印第安部落政府负责管理，强调对印第安部落大学的财政资助	部落大学学生

注："S.R 91-501" 指的是 "Senate Report no. 91-501"。

20 世纪 90 年代以来，联邦政府针对原住民族高等教育及其语言、传统文化等颁布了系列法案、行政命令等，见表 3-6。1990 年先后颁布了《原住民族语言法》（*Native American Languages Act of 1990*）[①]和《印第安工艺法》。《原住民族语言法》在批判过去的消除印第安人语言政策的基础上，主张原住民族有权使用自己的语言。该政策主张"保存、保护、促进使用和发展原住民族语言的权利和自由"[②]。1996 年，《关于部落大学的第 13021 号行政命令》[③]分八部分对部落大学的界定、治理、资助计划、行政管理等进行了系统和全面的规定，该命令于 2002 年重新修订。

1998 年 8 月，时任美国总统克林顿签署的《关于美国印第安人与阿拉斯加原住民族教育的第 13096 号行政命令》[④]，着重强调了部落大学的合法性地位，是美国高等教育系统中的重要一环，要让贫困的印第安人拥有更多的高等教育入学机会。1999 年 10 月 19 日，克林顿又签署了《部落大学法》，建立了

① Native American Languages Act of 1990［EB/OL］. U. S. Statutes at Large.Vol. 104. 1990：1152 .http：//www.constitution.org/uslaw/sal/104_statutes_at_large.pdf. 2015-07-23.

② Native American Languages Act of 1990［EB/OL］. U. S. Statutes at Large.Vol. 104. 1990（8）：1152. http：//www.constitution.org/ uslaw/ sal/104_statutes_at_large.pdf. 2015-07-23.

③ Executive Order 13021 of 1996［EB/OL］. Tribal Colleges and Universities. U.S. Government Publishing Office. http：//www.gpo.gov/fdsys/pkg/FR-1996-10-23/pdf/96-27352.pdf. 2015-07-23.

④ Executive Order 13096 on American Indian and Alaskan Native Education［EB/OL］. U.S. Government Publishing Office. http：// www.gpo.gov/fdsys/pkg/FR-1998-08-11/pdf/98-21643.pdf. 2015-07-23.

部落大学与联邦政府间的联系。该法案执行条例规定，所有联邦部门必须为部落大学的发展提供服务和资金支持。2001 年，布什上台后，该法案在 2002 年得到重新修订和扩展。[①]

2011 年 12 月 2 日，奥巴马签署了《提高美国印第安人与阿拉斯加印第安人受教育机会，改进部落大学的第 13592 号总统行政命令》[②]。强调将为印第安人提供更多接受高等教育的机会，政府将为部落大学提供更大的经济支持，保护印第安人的受教育权利，保护印第安人的语言、传统文化和历史。要求在印第安人教育中加强印第安语的使用和教学，加强印第安人传统文化及历史的教学，帮助印第安学生顺利毕业及升学等。

表 3-6　20 世纪 90 年代以来的原住民族高等教育政策

年份	法案中文名称	英文名称	法案编号	主要内容变化	主要对象
1990 年	原住民族语言法	*Native American Languages Act of 1990*	P.L. 101-477	美国原住民族有权使用自己的语言	美国原住民族
1996 年	关于部落大学的第 13021 号行政命令	*Executive Order 13021 of 1996. Tribal Collegesand Universities*	E. O. 13021	八部分	部落大学学生
1998 年	关于美国印第安人与阿拉斯加原住民族教育的第 13096 号行政命令	*Executive Order 13096 on American Indian and Alaskan Native Education*	E. O. 13096	承认部落大学在美国整个高等教育系统里的合法地位	印第安儿童
2002 年	关于部落大学的第 13270 号行政命令	*Executive Order 13270 of 2002. Tribal Colleges and Universities*	E.O. 13270	九部分	部落大学学生
2011 年	提高美国印第安人和阿拉斯加原住民族受教育的机会，改进部落大学的第 13592 号总统行政命令	*Executive Order 13592-Improving American Indian and Alaska Native Educational Opportunities and Stren-gthening Tribal Colleges and Univer-sities*	E. O. 13592	强调为印第安人提供更多的接受高等教育的机会，增加部落大学财政支持力度	印第安儿童、部落大学学生

注：“E. O. 13021”是“Executive Order 13021”，指第 13021 号总统行政命令，其他编号同。

① White House Executive Order 13270 of 2002［EB/OL］. Tribal Colleges and Universities. U.S. Government Publishing Office. http：//www.gpo.gov/fdsys/pkg/FR-2002-07-08/pdf/02-17274.pdf. 2015-07-23.

② Executive Order 13592- Improving American Indian and Alaska Native Educational Opportunities and Strengthening Tribal Colleges and Universities［EB/OL］. U.S. Government Publishing Office. http：//www.gpo.gov/fdsys/pkg/FR-2011-12-08/pdf/2011-31624.pdf. 2015-07-23.

二、部落大学运动的兴起

无疑，20 世纪 70 年代以来，美国联邦政府颁布的系列法案极大地推动了部落大学的发展。从图 3-1 我们可以看出，部落大学每年最高增设数为 3 所，从 1968 年第一所部落大学建立以来，大致呈波浪式发展，主要集中在二十世纪七八十年代。历史上称这段时间为部落大学运动的兴起，部落大学运动期间，通过民族性的社会运动与相关报告书、政策、法案规章的颁订，促使本阶段的原住民族高等教育朝向更自主且全面的发展。以下就原住民族高等教育机构的创建、发展及相关机构的设立探讨美国部落大学运动的兴起。

美国部落大学的创建主要包含民族自决运动与高等教育机会扩大两大因素。由于民族自决运动使得民权意识高涨，原住民族不再忍受有限的教育机会与不足的职业训练，许多部落认为印第安民族应自己发展优质教育。因此 1966 年全美第一所原住民族部落自行管理的学校开办，名为“崎石示范学校”(Rough Rock Demonstration School)，又于 1968 年建立纳瓦霍社区学院。至 2016 年，已有 40 所部落大学成立。同时，1965 年施行的《高等教育法》更注重原住民族学生需求，政府扩充与改进社区学院与职业教育，同时美国主流大学也增加了原住民族高等教育的入学机会。

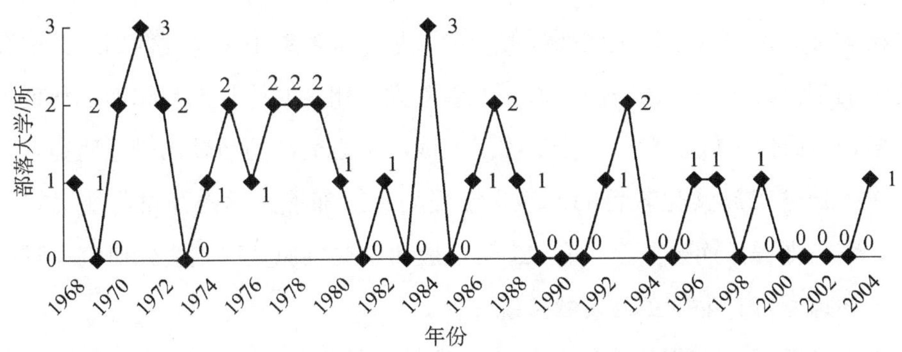

图 3-1　1968—2004 年美国部落大学创建数

政府与民间团体的支持推动了原住民族高等教育的发展。20 世纪 60 年代后，政府机关对原住民族高等教育发展的协助包含：促进原住民族高等教育权益的报告、法案和政策的提出，补助经费的提供。民间团体也出版相关报告，并给予原住民族高等教育机构资助，例如 1992 年，凯洛格基金会（W. K. Kellogg Foundation）与印第安高等教育协会和部落大学制定了为期 7 年的《美国原住民族高等教育发展计划》，计划提供丰足经费，促进部落大学的发展。在高等教育领域里，原住民族学生的教育表现较其他族群学生不理想，但原住民族高等教育一直由有志之士与部落大学支撑，使得原住民族高等教育能持续发展专属体系，也朝多元化发展。至 2016 年，40 所部落大学中两年制公立学校共 22 所、四年制公立学校共 5 所、两年制私立非营利学校共 6 所、四年制私立非营利学校共 3 所，提供原住民族由副学士到硕士的学位课程，以及其他教育学程和社区服务，成为部落的学习与服务中心。①

根据高等教育政策中心（The Institute for Higher Education Policy，简称 IHEP）、美国印第安高等教育协会、美国印第安学院基金会 2007 年共同出版的报告书显示，印第安学生就读各高等教育机构的比例为：公立两年制机构学校 45.8%，公立四年制学校 31.0%，私立四年制非营利学校 6.1%，私立学校 5.3%，由数据可以知道，就读公立高等教育机构的原住民族学生比例最高。但无论哪一种类型的高等教育机构，在原住民族高等教育中都扮演着重要的角色。

部落大学服务于更多原住民族学生，但原住民族高等教育相关教育机构（包含部落大学或是设有原住民族课程的一般大学）很多集中于美国西部，其中有三分之二的部落大学坐落在美国北部，尤以蒙大拿州、北达科他州和南达科他州境内最多，而原住民族学生在这些学校里就读，学习适应的问题比较不明显。

关于原住民族文化教育的课程也渐受瞩目，部落大学内开设原住民族传统文化、语言课程，而全美至少有 25 所一般大学提供原住民族文化研究课程或学程，上述课程皆有助维护与延续传统文化。

而在此阶段，值得注意的是致力于建设印第安高校、协助原住民族学生成功的原住民族高等教育组织也先后成立，其中以 1972 年创建的“美国印第安高等教育协会”为代表，成为原住民族高等教育资源整合的协商单位。协会成立

① 根据维基百科进各学校网站总结的结果. https://en.wikipedia.org/wiki/Tribal_colleges_and_universities.

宗旨是提供部落大学资源与协助，并在政府与国会为原住民族高等教育事务进行法案游说和宣传，同时提倡通过课程设置保护印第安语言和文化。1989 年，美国印第安高等教育协会协助成立美国印第安学院基金会，接受社会各团体、基金会与私人的捐助，提供原住民族高等教育机构与学生资助，协助学校顺利办学与学生安心就学。

第四章

美国部落大学使命宣言

大学使命宣言（mission statement）是大学宣示其期望达到的目标、做法与核心价值的正式文件，指引大学决策与鼓励教职员工朝向相同的目标努力，近年来已成为美国部落大学重要的策略管理工具，也是大学组织优质管理的重要因素。使命宣言作为美国部落大学的组织核心发展方向，对于民族文化、社区及学生的发展意义重大。其包含的内容及价值是多向性的，也是极富特色的。本章旨在对美国38所部落大学的使命宣言整理分类，得出美国部落大学的使命宣言的五大节点，即组织哲学要素、组织目标要素、人才培养要素、社区服务要素、部落文化传承与创新要素。在此基础上，通过Nvivo11.0质性软件分析，每一类要素节点又可分为若干二级节点，从而得出美国38所部落大学使命宣言的发展共性。对美国部落大学使命宣言的组成要素进行解析，希望由此揭示美国部落大学使命宣言的主要内容，并探析使命宣言的管理意涵。

使命宣言是组织的策略核心，展现组织独特和持久的目的。[①]许多文

① Bart C K，Tabone J. Mission Statement Content and Hospital Performance in the Canadian Not-for-profit Health Care Sector［J］. Health Care Management Review，1999（3）：18-29.

献指出[①②③]，使命宣言是改善组织绩效、增加员工动机与满意度的有效工具[④⑤⑥]。使命（mission）和使命宣言（mission statement）不同，使命是指狭义的组织目的，而使命宣言则是广义陈述组织的愿景、使命及价值。[⑦]随着高等教育质量危机的出现，美国成为世界上最早对大学进行评估的国家。评估是指系统性地收集或解释信息，检测大学完成使命的情况。大学评估的主要任务包括：陈述大学使命和目的，生成机构目标和获得学生学习收益，搜集相关信息，解释数据以说明大学是否成功达成目标，使用解释信息增强教和学，并告知所做的决定，反思整个进程以重新确定或改进学院的使命和目标。美国联邦政府一直把美国各大认证机构对美国高校及项目资格及质量的认证作为财政拨款的主要依据。大学的使命，已经成为对评估过程的新的基本标准。20 世纪 80 年代美国迸发了高等教育评估运动，美国部落大学一直在探索适当的方法有效地定义部落大学独特的价值观和美国高等教育其他机构所共同持有的原则。

但使命宣言主要内容尚无定论。Bart 和 Tabone 回顾文献，将存在的使命宣言内容，综合成 25 项使命内容，认为良好的使命宣言应具有以下功能：成为组织的沟通工具，传达控制的机制，决策重点的引导，平衡所有的利害关系人，可以激励和鼓舞组织成员等。[⑧]我国学者陆一将大学使命定义为大学的“古典使命”“现代使命”和“21 世纪使命”，并将 3 类使命下设二级 9 项指标体系。[⑨]彭正霞、陆根书将大学使命宣言分为大学使命的定位要素、教育教学要素、人才培养

---

① Gibson C K，Newton D J，Cochrane D S. An Empirical Investigation of the Nature of Hospital Mission Statements［J］. *Health Care Management Review*，1990（3）：35-45.

② Campbell A，Yeung S. Creating A sense of Mission［J］. *Long Range Planning*，1991（4）：10-20.

③ Bart C K，Tabone J. Mission Statements in Canadian Not-forprofit Hospitals：Does Process Matter?［J］. Health Care Manage Rev，2000（2）：45-53.

④ Klemm M，Sanderson S.，Luffman G.. Mission Statements：Selling Corporate Values to Employee［J］. Long Range Planning，1991（3）：73-78.

⑤ Collins J C，Porras J I. Organizational Vision and Visionary Organizations［J］. California. Management Review，1991（34）：30-52.

⑥ Coleman J. Using Mission Statements in the Fire Service［J］. Fire Engine，1997（8）：60-64.

⑦ 李雁玲，唐五湘. 企业使命的概念和应用研究［J］. 北京资讯科技大学学报，2005（3）：52-55.

⑧ Bart C K.，Tabone J. Mission Statement Content and Hospital Performance in the Canadian Not-for-profit Health Care Sector［J］. *Health Care Management Review*，1999（3），18-29.

⑨ 陆一. 世界知名大学使命宣言的文本解析[J].比较教育研究，2012（9）：23-28.

要素、科学研究要素、社会服务要素、文化传承与创新要素等6大要素[①]。马君、李邵华认为美国部落大学使命由保护与传承部落（民族）文化、加强民族认同感、服务当地社区、促进经济社会发展、培养高级应用型人才、打造训练有素的技术技能型人才构成。[②]

一所大学的使命必然综合多种目标并在各种利益平衡基础上形成，是对大学品质的高度浓缩，不同大学的独特文化也通过使命宣言的形式有效地表达。有证据表明，使命宣言被广泛用于美国部落大学。部落大学有独特的文化品质、价值、目标与愿景，根据卡内基教学促进基金会 2015 年最新修订的高等教育分类框架中的“基本分类项”来看，部落大学是美国高等教育的一个独特类型，基本介于普通高校与职业院校之间。由此可见，部落大学在美国高等教育体系中具有特殊性，在其使命宣言上也有其侧重与取舍。使命宣言的具体内容并无统一的标准和严格的格式、篇幅限定。在具体文本分析时，基于以上认识，综合国内外对使命宣言的广义陈述，对相关资料进行科学的分类，以概括使命宣言的多维要素。在这样极具民族特色的部落大学的模式下，它们各自必然拥有相似性和侧重点。本章从美国 38 所部落大学使命宣言中找寻其本质类属，展示美国原住民族部落高等教育特色。在整理美国 38 所部落大学的使命宣言的基本要素后，借助 NVivo11.0 质性分析软件与文字云生成工具分析使命宣言的具体内容，试分析其内在联系及背后原因。

第一节 研究方法

托伊恩·A. 梵·迪克（Teun A Van Dijk）指出，对文本进行定性分析的方法，是试图通过观察和阐释所选取文本的内容，达到深层次说明文本意义的作

① 彭正霞，陆根书. 中美大学使命陈述比较[J].大学（学术版），2012（12）：59-71.

② 马君，李邵华. 服务民族地区社会发展：美国部落学院的使命及其启示[J]. 职业技术教育，2015（1）：64-65.

用。[①]而文本分析是对文本背后特征深入地理解和挖掘，揭示文本材料所表达的深层含义。在本书中，美国部落大学的使命宣言是为了达到预期目的，是部落大学之所以存在的理由与所追求的价值。截至2016年11月，美国境内有40所部落大学，本书选取了38所部落大学的使命宣言作为研究文本[②]，这38所部落大学的网站在首页明显位置张贴了使命宣言，这为研究资料提供了便利。需要指出的是，由于文本话语分析的主要目的是提供对一种现象的深入理解，本章将使命宣言文本的内容分析与质性分析软件Nvivo11.0及相关的文字云生成工具等结合，使研究更为形象生动且内涵丰富。

QSR公司设计开发的质性分析软件Nvivo11.0在质性研究领域中被广泛使用，有着极佳的编码功能，能够对文字、语言、调研数据、声音、图像、画面、网站或传媒等进行编汇，同时能和探研主旨内容的信息数据进行编辑综合，有着良好的实用性。采用Nvivo11.0分析软件来研究分析部落大学的使命宣言具有可行性和可信度。

第二节 美国部落大学使命宣言的演进：以迪内学院（Diné College）为例

迪内学院作为美国史上第一所部落学院，1997年更名为迪内学院（Diné College），是美国规模最大、影响力最广的部落学院，这些成就离不开其使命宣言的逐步发展及完善。

该部分将采取文本分析研究方法，对迪内学院从1968—2016年的使命宣言文本内容进行归纳解析，将使命宣言文字进行分类，将文本输入到文字云的生成网站，所使用的网站https：//tagul.com/create，最后创建词云图片。文字云制

① Dijk T A V. Discourse Studies and Hermeneutics［J］. *Discourse Studies*：An Interdisciplinary Journal for the Study of Text and Talk，2011，13（5）：609-621.

② 40所部落大学中“Cheyenne Arapaho Tribal College”和“White Earth Tribal and Community College”无相关资料。

作工具的优点是可以快速分析文本内容与网站的词频，且风格多样，词频越高，字体越大，通常也代表部落大学使命宣言取向上的重要性，本书中词云图片被运用到文本内容分析与主题评估，并对迪内学院不同时期使命宣言逐一加以分析。研究结果显示迪内学院这 48 年里使命宣言的核心内容与价值保持稳定，但每个时期的相关侧重点则随历史的发展而发生变化。依据学院的使命宣言侧重点，本书将分为蹒跚初探、稳步发展和踏上新程三个阶段来阐述迪内学院使命宣言的演进过程。

（一）蹒跚初探（1968—1973 年）

由于纳瓦霍民族被迫接受西方教育，再加上被剥夺了本民族的文化传统和语言，纳瓦霍学生的教育变得艰难，他们大多逃离校园，甚至辍学。这一沉痛的现实让部落首领不得不考虑筹建属于纳瓦霍民族自己的大学，以重新振兴纳瓦霍民族。1964 年《反贫困法案》（*Anti-Poverty Bill*）的颁布为部落提供了在保留地创建社区行动项目的机会。一个民族对其独特身份的认同，是其前行发展不可缺少的一部分。正是如此，纳瓦霍民族争取自治权，创建了在美国保留地的第一所部落社区学院。在此基础上形成的使命宣言作为部落大学发展的重要导向，对学院产生了深远影响，意义重大。

在学院筹备创立之前，部落首领们对学院进行了大致定位，认为部落社区学院的宗旨是为了纳瓦霍民族的未来，学院具有与其他任何一所高校不同的独特性，即输送纳瓦霍民族传统文化及语言并覆盖学校的方方面面。在初步探索的 7 年里，学院并未明确提出使命宣言这一概念，建校领导层与部落首领反复思考 1968 年学院手册中的两个问题——“为什么创立迪内学院”和“什么是迪内学院”。①同年，纳瓦霍部落首领清楚地表达了学院的发展目标，实际上这种使命从某种程度上来看只是一种引领性的纲要，并没有涉及具体的教学及学术项目。②经过归纳与整理，发现排在前 10 的重要词汇为：纳瓦霍（Navajo）、学

① Navajo Community College. Introducing Navajo Community College. Generic College Catalog 1968b. Navajo Community College. http://library.dinecollege.edu/publications/catalogs/ Generic College Catalog.Navajo Community College 1968b. 2017-01-04.

② Listo A. The Evolution of Mission of Navajo Community College/Diné College：A Historical Perspective［D］. Dissertations of Diné College，2014.

院（college）、学生（students）、社区（community）、文化（culture）、语言（language）、历史（history）、能力（abilities）、帮助（help）、青年（youth）图4-1。由于这种词汇的特指性并不强，必须结合背景及使命宣言的文本内容进一步分析。该时期的使命宣言最主要体现在学院手册上提出的 9 大目标[①]，具体内容如下：

1）每一个纳瓦霍青年与成人都有机会去拓展他们的知识视野和增加收入。

2）为计划离开保留地继续本科教育的学生提供一个缓冲区。

3）部落领导力课程将用来帮助实现青年与成人的领导潜能。

4）减缓贫困和失业率。

5）强调职业技能和艺术工艺课程，用来帮助实现学生就业技能的需要。

6）将强调纳瓦霍的文化、历史和语言。

7）通过充分发展学生的才能，致力于帮助学生提升自我形象和身份认同感。

8）找到新的方式来处理老问题，从而让纳瓦霍民族和学生适应这个日新月异的世界。

（9）致力于有效地帮助学生发展他们的才能，让他们理解本民族的文化和适应社会大环境中复杂多元的文化。

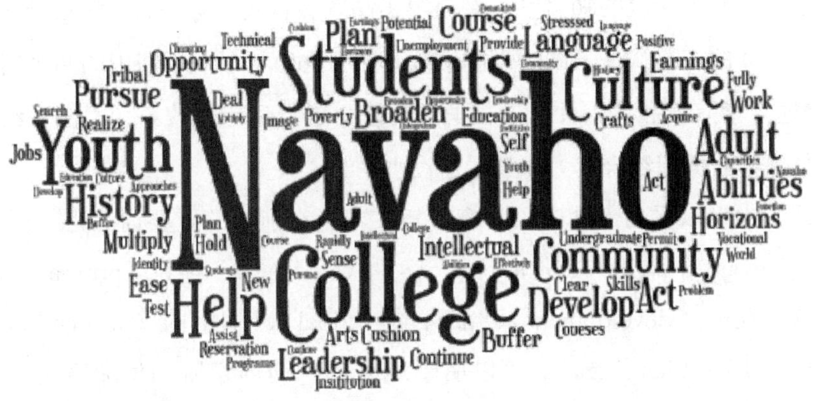

图 4-1　迪内学院在蹒跚初探时期（1968—1973 年）使命宣言文字云

① Navajo Community College. Introducing Navajo Community College. Generic College Catalog. Navajo Community College. http：//library.dinecollege.edu/publications/catalogs/ Generic College Catalog.Navajo Community College. 1968b. 2017-01-04.

结合资料与词云分析，高词频无疑是学院关注的重点，仔细分析词云显示的高频词，包含着丰富的内容，也提示着我们此一时期的迪内学院使命宣言的导向所在。①此时段学院的首要使命是传承纳瓦霍民族的历史、语言和文化，提升民族地位，提高纳瓦霍民族的社会适应力，涉及的高频词汇有纳瓦霍、文化、语言、历史等。②为学生提供受教育的机会，发掘他们的潜能，以免重返民族文化的失落，导致学生在西方文化中难以平衡纳瓦霍民族的本土文化，并为他们提供了继续深造的机会，涉及的高频词有学院、学生、青年、领导、机会、课程等。③致力于帮助保留地的成年人，提供相应的职业技能培训，促进他们在社会上立足，涉及的高频词有社区、成人、能力、发展等。由此可以看出，初探时段的学院使命宣言涉及的要素相对简单，内容涉及的面也不广，没有具体的价值、目标与措施，具有概括性和抽象性特征，但使命宣言也确实带领着学院在最初的摸索道路中秉持着民族自信与勇敢突破的精神，为学院的发展迈出了历史性的一步。

（二）稳步发展（1973—2000 年）

这一阶段的迪内学院经历了几次改革后，学校管理层初步掌握了管理学校的方法和手段，提升了学院的知名度，并获得了高等教育委员会（The Higher Learning Commission）的资格认证。同时学院继续基于 1968 年学院手册中的两个问题——"什么是迪内学院"和"为什么创立迪内学院"进行适应性改革，力图在维持自身独特性之外不断提高综合实力和学科建设水平。

从词云中可以看出，此时段使命宣言文本排在前十的重要词汇为（图 4-2）：纳瓦霍（Navajo）、教育（education）、学生（students）、项目（programs）、课程（course）、发展（development）、部落的（tribal）、学术的（academic）、文化（culture）、语言（language）。可以明晰地了解到迪内学院的使命宣言注重于几方面的目标：①纳瓦霍民族文化、语言、历史的传承，从此时段汇聚的高频词纳瓦霍、文化、语言等可以看出，这也是使迪内学院区别于其他高等教育机构最鲜明的特征。纳瓦霍民族文化中赋予的带有核心价值的教育理念不会因为时代的变迁而改变，保留继承这些灿烂悠久的文化历史才是一个民族持续繁衍的

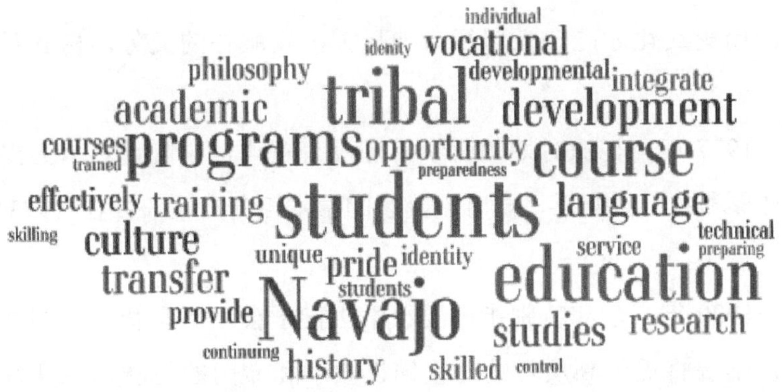

图 4-2　迪内学院在稳步发展时期（1973—2000 年）使命宣言文字云

不竭动力。②对于人才培养转向多学科、多路径、高层次发展学生学习和适应能力，相应的高频词有教育、项目、课程、学术的、发展、职业、培训等，强调要为他们今后的学习、工作打下坚实的基础。迪内学院作为服务保留地学生的自治高等教育组织，是纳瓦霍民族培养年轻一代的希望，承担着培养学生良好的学业能力及职业技能的重任，在完善各项教育教学事务的同时，坚定走学院的特色发展道路，不断创造优质学习条件来满足各类学生的不同需要。③强调部落价值的传承，相应的高频词有部落的、骄傲、唯一、认同等，如 1984 年学院采纳了 Sa'ah Naaghai Bik'eh Hozhoo（SNBH）为学院的价值，学院认为 SNBH 是教育学生的不二法则，并一直延续至今。SNBH 为纳瓦霍部落所崇尚、价值追求的共同理想与价值。Nitsáhákees（thinking），代表着一个人所应该拥有的批判性思维、逻辑思维及理性思维，能设立目标，确立适合自己的决定，引导自己向着正确积极的方向前行；Nahat'á（planning），代表着智慧、知识、工作艺术、规律、管理等，决定于人们设立目标前的思索过程；Iiná（living）代表着一个人一生中的每一个阶段，包括出生、组建家庭、生育子女，最终会获得灵魂的救赎；Sihasin（assuring）让人成为勇猛的战士，学会生存，保持内心的强大。[①]由此，学院努力将部落价值精髓贯彻到学校教育的方方面面，以实现塑造学生的使命、责任，培养学生的民族自信、归根意识。纳瓦霍民族在经历痛苦的民族文化与西方文化磨合的情形后，深知历史带来的经验教训不可抹灭，纳瓦霍民族的人才更不可迷失在西方"主流文化"中。只有了

① Board of Regents. http：//www.dinecollege.edu/regents/docs/3.25.16%20Work%20SessionFINAL.pdf . 2017-01-04.

解本民族的历史文化才能自觉履行为纳瓦霍民族服务的义务，树立对纳瓦霍民族的信心。

1973—1977 年，初探时期的哲学目标没有变化，学院仍然努力提升学生的民族积极形象和身份认同感，同时创建新的学术培养方案。并在 1973 年增加了 7 个目标。

1978—1980 年，学院特别指出要让学生们学会用哲学智慧处理现代社会的复杂事务，学院将提供高质量的理论知识教学和专门的技能训练课程，让学生更好地融入广泛的社会并把控自己的命运。

1981—1988 年，迪内学院继续丰富纳瓦霍民族的语言、文化和传统价值观，并保持开放的政策。其中 1983 年新增的目标中有涉及多种学习项目，比如 2 年制升学项目、发展性项目、继续教育项目等，说明了学院在提升实力的同时也借助课程和学习来提升纳瓦霍民族和社区人员的就业水平，帮助他们掌握熟练的技能，以提高工作能力。不仅如此，这还可以证明迪内学院正在努力发展成为一所综合性的大学。通过丰富课程种类和内容，开发多种教学项目，多方面造福于纳瓦霍民族和当地学生，不背离创建学院的初衷。迪内学院努力将哲学精髓贯彻到学校教育的方方面面，以实现塑造学生的使命责任。

1989—1995 年，学院致力于将传统的纳瓦霍知识文化和西方文化进行交融，建立新的学习模式，同时保持部落大学身份。欲使自身发展成为在国内获得广泛认可并得到普遍尊重的组织，使其成为让纳瓦霍民族自豪的组织标志。并在 1989 年提出了新的目标。

稳步发展的最后阶段，迪内学院除了坚定贯彻起初的组织哲学外，更加注重学术项目的发展，进而强有力地提高学生的学习能力。

结合迪内学院此时期使命宣言文本进行综合发现，跟初探阶段相比，①使命宣言中的目标当中更着重学术发展目标，并将纳瓦霍文化的延续纳入使命宣言当中，并确立保障机制；②注重运用哲学智慧处理教育事务，并强调了高质量教育的必要性；③使命宣言明确了纳瓦霍部落价值 SNBH 为学院价值；④强调学院的社区服务功能，并加强与部落社区合作。具体如表 4-1 所示：

表 4-1 迪内学院使命宣言演进过程中的稳步发展时期（1973—2000 年）

年份	主要内容变化
1973	给愿意升学的学生提供学术基础；提供社区服务和社区发展项目；给公立学校和印第安人事务局学校或者其他组织提供力所能及的帮助和支持；成为服务于印第安文化发展的中心，特别是纳瓦霍文化①
1978—1979	提供高质量教育教学，使纳瓦霍青年能处理现代社会中的复杂事务，掌握自己的命运②
1983	提供两年制转学项目；纳瓦霍和印第安学习项目；发展性项目；根据纳瓦霍民族和其他印第安组织的需要提供应用研究；通过在职培训和短期学分制课程给技术员、助手和专业人员提供继续教育项目；与地方高校合作开发高级课程③
1984	采纳教育哲学 SNBH③
1989	发展学生个性特点；提供社区研究平台④

资料来源：作者根据相关资料整理

（三）踏上新程（2000 年至今）

从 2000 年开始，迪内学院加强开展和当地社区、高等院校的多种学习项目、纳瓦霍部落委员会及联邦政府的交流与合作，借此推进学院特殊性使命的发展。这对迪内学院来说是一个新的开端。高等院校在求得自身发展的同时，必须扩大对外交往的能力，在合作共赢中前进，取长补短。迪内学院据此部署战略性组织计划，加强了学院的发展，使得自身实力有了进一步的提升（表 4-2）。同时，迪内学院坚持保持其自身特殊发展方向的正确性，确保能产生正确的战略计划。

表 4-2 迪内学院使命宣言演进过程中的踏上新程时期（2000 年至今）

年份	主要内容变化
2000 年	确定纳瓦霍视角、文化意识和教育哲学为学院使命的核心；增加校内外联系；建立技术基础设施⑤

① Navajo Community College . Navajo Community College General Catalog. 1973-1974. Tsaile， AZ： Navajo Community College. http：//library.dinecollege.edu/publications/catalogs/. Navajo Community College General Catalog：1973-1974. 2017-01-06.

② Navajo Community College. Navajo Community College General Catalog 1978-1979. In N. C. College （ed.）. Tsaile，AZ：Navajo Community College. http：//library.dinecollege.edu/publications/catalogs/. Navajo Community College General Catalog：1978-1979. 2017-01-06.

③ Navajo Community College. Navajo Community College General Catalog 1983-1984. In N. C. College （ed.）. Tsaile， AZ. http：//library.dinecoll ege.edu/publications/catalogs/ Navajo Community College General Catalog 1983-1984. 2017-01-06.

④ Navajo Community College. 1989. Navajo Community College General Catalog， 1989-1990. In N. C. College （ed.）. Tsaile，AZ. http：//library.dinecollege.edu/publications/catalogs/ Navajo Community College General Catalog 1989-1990. 2017-01-06.

⑤ Diné College. North Central Accreditation Self-Study 2010. Tsaile，AZ： Diné College. http：//opus.ipfw.edu/ncaselfstudy2010/.2017-01-06.

续表

年份	主要内容变化
2002 年	将纳瓦霍民族语言、历史、文化和哲学与传统的西方课程相结合①
2006 年	开展在学院和纳瓦霍民族之间的学术研究②
2012 年	为学生提供高质量教育；重新修订通识教育课程；在了解工作需求的基础上提供更多学位和证书；开创更多的新项目；增加与其他高校交流、合作和联盟的机会③
2013 年	信息技术需要进一步普及；发展学生的科技能力和领导才能④
2015 年	建立全球合作关系；让年轻一代的教育水平得到提升；根据纳瓦霍民族、社区的需求实施合作项目；提高学生的生活，将 SNBH 融入学生的日常学习中⑤

资料来源：作者根据相关资料整理

迪内学院虽然在教育教学方面具有传承纳瓦霍民族文化的独特性，但随着时代的发展、全球经济一体化，各个学校之间的发展开始出现互助性。迪内学院也顺应时代的潮流，做出相应的改变。新阶段的使命宣言除了延续以往建立的目标，还提出了一些新时期的目标。结合资料与图 4-3 的文字云分析，排在前十位的重要词汇为：更高（higher）、学术的（academic）、SNBH、教育（education）、需要（needs）、质量（quality）、前进（forward）、互动（interact）、技术（technology）、沟通（communication）。从这些核心词汇中可以看出，迪内学院使命宣言的重心悄悄发生了变化。①纳瓦霍不再是第一核心词汇，取代的是更高、学术的、需要等词汇，也表明迪内学院的发展方向已经发生了转向。学院定位从 2 年制的副学士部落学院发展成为高质量的高等教育机构，向 4 年制大学目标转变。②更加强调部落价值的重要性，SNBH 作为纳瓦霍民族价值得到重视。在迪内学院的手册与使命宣言中，反复提起 SNBH，词频统计排到第三位，足见其价值与影响。与此相关的文化、保存等词汇也占据重要地位。③学院着重加强与其他多类别组织进行联络与合作，如沟通、合作、互动、一起、前进等这些高频词

① Diné College. Diné College Catalog. In D. College （ed.）. Tsaile， AZ： Diné College. http：//library.dinecollege.edu/publications/catalogs/ 2012a .2017-01-06.

② Listo A.. The Evolution of Mission of Navajo Community College/Diné College：A Historical Perspective［D］. Dissertations of Diné College，2014.

③ Board of Regents（2012）.Minutes of 2012-08-15. http：//www.dinecollege.edu/regents/docs/120815-bor-minutes.pdf. 2017-01-06.

④ Board of Regents（2013）.Minutes of 2013-04-13. http：//www.dinecollege.edu/regents/docs/130413-bor-minutes.pdf . 2017-01-06.

⑤ Board of Regents（2015）.Minutes of 2015-09-11. http：//www.dinecollege.edu/regents/docs/9.11.15%20BOR% 20MTG%20MINS%20FINAL.pdf. 2017-01-06.

汇生动反映了此趋势。在新时期，学院强调与其他机构合作的同时，也希望在主流大学的大环境下能保持自身的独特性。④关乎学生的发展，相关的高频词有教育、质量、前进等。从迪内学院设立的初衷和培养要求来看，着重培养学生对纳瓦霍民族的自信与信仰，身上刻有民族的印记，同时也培养学生具备适应社会的生存能力，并最终取得成功。在新时代的挑战下，高等教育时代要求越来越高，为适应新时代，迪内学院创设多种条件以达到教学目标和发展目标，发展学生多方面的能力。同时设置评价体系来检验学生学习效果，提高教育教学质量。⑤服务于纳瓦霍民族和社区，服务、帮助、社区仍是使命宣言制定的热门词汇。因此根据部落的切实需要做出相应帮助，为保留地居民提供就业机会，促进部落的可持续发展，从而为本民族和社会做出更多贡献。

图 4-3 迪内学院在踏上新程时期（2000 年至今）使命宣言文字云

迪内学院使命宣言自其前身迪内学院发布以来，有着划时代的意义，从无到有的整个过程都具有独特的戏剧性，展现了其特殊意义和历史价值，给其他类似部落大学的使命宣言编撰提供了参考，为部落大学文化领域的研究提供了事实依据和数据资料，给后续研究带来宝贵的对比参考。

1. 部落大学使命宣言的发展有其历史脉络

从迪内学院的使命宣言历史演进过程来看，的确有其特殊的发展历史脉络，文本的内容时常发生变化和调整，也反映迪内学院随着外界政治、经济、文化与现实的变化而调整。从人才培养到教育质量，到服务保留地社区再到部落文化的传承创新，部落大学的功能不断延展丰富，使命也越来越重大。

当学院成立并且争取到自治权后，似乎一切都是摸着石头过河，第一所部落学院的建立代表着未有先例可参考。因此，一套试行的“法案”“使命宣言”

应运而生。它的出现是偶然的，但从历史进程的角度看，却是必然的。其诞生给当时整个迷茫的部落大学照亮了前行的道路。随着历史的车轮向前推进，使命宣言也被刻上了各种烙印，在新的时代下绽放出了新的生命力，发布的初衷也贯穿其每一次修订，而每一次的修订又是一个更为全面的补充。在这种良性循环下，使命宣言推动着学院的发展，让其能树立于高校之林，历久弥新，延绵不绝。

使命宣言的制定随着政治、经济、社会、文化的时空改变，每次调整与变化发生之前，都有其酝酿过程，以整体的历史脉络来检视使命宣言的出现与修订，才能了解使命宣言的产生与修订并非凭空发生。

2. 部落大学使命宣言固有的目标与价值导向

从使命宣言文本的高频词中管窥一二，如学院、学生、教育、社区、纳瓦霍、语言、文化、部落、SNBH 等词汇在迪内学院使命宣言历史变迁中一直都是热点词汇。分析发现，迪内学院使命宣言文本中的这些高频词集中在以下几个方面：①重视学院固有的人才培养功能，固守纳瓦霍部落的价值；②重视服务保留地社区；③强调部落文化的传承与创新。

迪内学院在初创期的使命宣言内容仅仅阐明了组织哲学，这更倾向于大学的基本原则。在演进过程中，迪内学院逐渐明晰了自己经历了混沌时期后的重要历史使命，让纳瓦霍民族的后代理解与坚守部落文化与信仰，在此基础上不断丰富内容。这是该校核心生命力，纳瓦霍精神的核心内容。作为第一所部落大学，使命宣言的诞生是这个民族的希望，它开始不被了解，后来逐渐被接受。它是学院领导人正确管理学院的重要保障，是学生能得到发展的基本保证，是每位教师都有正确方法的必备指导。使命宣言不是一个口号，它更多的是代表着一个方向，是学院不断前行的动力、学生获得成功的希望。唯有在实际中加以实践，才能使学院成果有益于学生、纳瓦霍民族。

3. 注重使命宣言的作用，正确认识大学自身的定位与能力

迪内学院使命宣言在部落大学使命宣言的发展史上留下了浓墨重彩的一笔，着重强调人才培养、保留地社区服务、部落文化的传承，却并不把现代大学科学研究置于重要地位，这与其自身定位与能力有关。从功能性的角度来表述大学的使命，这也提醒大学管理者们，我国民族院校可根据自身发展情况，根据学校自身的人力、财力、物力基础，确立自身目标。服务民族地区经济与

社会发展，要注重民族高等教育的特殊性与普通高等教育的规律性相结合，才能为我国输送服务于社会的高层次各民族专业人才，保持自身的发展持续性。

第三节　美国部落大学使命宣言的总体分析

经过仔细阅读、对比各个部落大学的使命宣言后，将文本信息导入Nvivo11.0，基本步骤和操作如下：①在美国各个部落大学的官网上进行使命宣言的资料查找，在精确阅读后，将 38 所部落大学的相关信息导入 Nvivo11.0 中，分化为基本类别要素并确定一级节点；②深入阅读文本材料，将一级节点中的文本分别进行整理归纳；③通过每一节点中的词频统计分析出二级节点，对每一一级节点进行文本分析；④分析总结美国部落大学在各类属要素的侧重点。其中，一级节点和二级节点都是 Nvivo11.0 的质性分析结果，一级节点的内容是部落使命宣言的核心主题，二级节点是一级节点的核心内容分支，一级节点都有其对应的二级节点。在对每一一级节点进行词频统计时，因词数量分别为 708、726、785、651、1000 个，此数据量较大，根据正态分布的统计原理，所以本书将取词频前 5%的词。

经数据处理与分析，得到了组织哲学要素、组织目标要素、人才培养要素、社区服务要素、部落文化传承与创新要素。这些一级节点处于从属关系的最高级，其编码相关点数依赖下属二级节点的编码点数。一级节点和二级节点编码参考点数相关统计汇编见表 4-3。

从表 4-3 中，我们可以发现，组织哲学要素、组织目标要素、人才培养要素、社区服务要素、部落文化传承与创新要素都有着各自的二级节点，而不同的二级节点之间的编码参考点数有着较为明显的不同。部落大学使命宣言所涉及的内容较多，有的被提及的次数较多，有的较少，例如，组织哲学就有愿景、价值这些相应的二级节点，提及的次数就有着很大的不同。部落大学使命宣言所涉及的因素众多，但不在同一层级上，组织哲学要素、组织目标要素、人才培养要素、社区服务要素、部落文化传承与创新要素位于同一层级，为宏观因素。

表 4-3 使命宣言的节点

一级节点	二级节点	编码参考点数
组织哲学	愿景	727
	价值	734
组织目标	总体目标	731
	课程目标	621
	学生发展目标	633
	社区服务目标	620
人才培养	人才培养的教育教学	732
	人才培养的方式	711
社区服务	参与或服务	738
	服务方式	733
部落文化	部落的历史与文化	618
	多元文化	613

这五大要素基本包含了各部落大学使命宣言的内容，体现了其发展的任务目标及对社区和文化的贡献。上述五大宏观因素在部落大学使命宣言中占据的重要性不同，但美国 38 所部落大学在使命宣言上都非常重视组织哲学（愿景、价值）、组织目标、社区服务。在这 38 所部落大学中，关于组织哲学（愿景、价值）、组织目标、社区服务的陈述要素都有所涉及。但是，这些部落大学在五大宏观因素上述几方面的使命宣言在侧重点上有所不同，有些部落大学强调服务保留地社区，服务部落，传承部落文化、语言与历史，学生成功，更多承担为保留地和部落服务的责任；有些部落大学则更强调卓越多样性、学生发展、服务印第安国家、创新性。另外，在这些部落大学的使命宣言中，与服务相关的要素如强调服务印第安国家、保留地、部落，出现的频率也非常高。具体而言，从涉及的要素内容及出现频次来看，27 所大学均首先涉及学校的愿景，如建设“部落的高等教育示范中心”“当地的卓越中心”等。其次是人才培养方面的因素，共有 20 所大学涉及人才培养，包括培养不同类型、层次的人才。再次是社会（保留地、部落）服务方面的要素，共有 16 所大学对此有所涉及。最后是科研，仅有 2 所大学涉及这一要素。从美国部落大学的使命宣言的总体特征可以看到，服务保留地与部落的目标定位明确，但是对如何实现目标的陈述相对较少。

第四节　美国部落大学使命宣言要素分析

一、组织哲学要素

根据研究结果，美国部落大学大部分使命宣言中的“哲学”（philosophy）通常包含了“愿景”（vision）和“价值”（value），将一级节点组织哲学的文本导入 Nvivo11.0 中，进行词频分析得到表 4-4 和图 4-4。

表 4-4　基于 Nvivo11.0 的组织哲学要素词频

词汇	字母数	计数	加权百分比（%）	词汇	字母数	计数	加权百分比（%）
college（学院）	7	37	2.36	higher（高等）	6	8	0.51
students（学生）	8	28	1.79	provide（提供）	7	8	0.51
community（社区）	9	25	1.60	student（学生）	7	8	0.51
values（价值）	6	22	1.40	country（国家）	7	8	0.51
education（教育）	9	19	1.21	nation（民族）	6	8	0.51
committed（承诺）	9	18	1.15	institution（机构）	11	7	0.45
culture（文化）	7	18	1.15	integrity（健全）	9	7	0.45
nation（民族）	6	15	0.96	mission（使命）	7	7	0.45
respect（尊重）	7	15	0.96	quality（品质）	7	7	0.45
indian（印第安人）	6	14	0.89	responsibility（责任）	14	7	0.45
academic（学术的）	8	12	0.77	university（大学）	10	7	0.45
knowledge（知识）	9	12	0.77	communities（社区）	11	6	0.38
tribal（部族的）	6	12	0.77	center（中心）	4	6	0.38
self（自我）	4	11	0.70	dedicated（专注的）	9	6	0.38
educational（教育的）	11	10	0.64	excellence（卓越）	10	6	0.38
language（语言）	8	10	0.64	success（成功）	7	6	0.38
life（人生）	4	10	0.64	humility（谦恭）	8	6	0.38
learning（学习）	8	9	0.57	research（调查）	8	6	0.38
people（人民）	6	9	0.57	enhance（提高）	5	6	0.38
way（方式）	3	9	0.57	well（良好的）	4	6	0.38
american（美国人）	8	8	0.51	world（世界）	5	6	0.38
development（发展）	11	8	0.51				

图 4-4　基于 Nvivo11.0 的组织哲学要素词云

从词云中的高频词汇可得出部落大学的一个普遍性及共有的特征，再结合部落大学自身的产生原因和特殊性，可发现这些普遍性的产生及其背后的原因。通过二级节点的归纳分类，我们可以把这些普遍性归为“愿景”，从而也能将其定位为美国部落大学的组织哲学特征之一。

大学的使命和愿景是大学战略定位的陈述。共同愿景（shared vision）是组织中所有成员发自内心的共同意愿，是具体的能够激发组织成员为之奋斗的未来目标。一般而言，大学愿景反映的是大学对未来的期望，描述了大学要向何处去的全面景象，愿景一般不包含具体的行动方案和行动策略。在大学的具体表述中，有的将使命和愿景分开表述，有的在一定程度上有所重叠。一般认为使命是概括性的，指向长远的未来，是代表大学永恒的追求。愿景相对具体，是阶段性的期许，指向性更加明确，针对性更强。

美国部落大学使命宣言中最常涵盖的内容是组织哲学中的“愿景”，可能的解释原因有：①美国部落大学都将使命宣言当作是传达部落大学未来目标的重要工具，陈述部落大学努力成为社区学院标杆或典范的期望；②美国高等教育质量认证影响的展现：目前美国部落大学的使命宣言通常与评鉴连接，评鉴要求部落大学须确立愿景及目标。本书发现“愿景”在使命宣言中的组成频率最高，显示美国部落大学对于评鉴规定的重视，此体制影响的展现与过去的研究发现类似：部落或联邦政府和评鉴机关成为为原住民族高等教育提供教育援助、捐赠与决定资源分配的主导力量，部落大学的策略顺从此导向，便能受到保护。所以体制压力会影响组织，使命宣言的多重组成是部落大学为迎合体制环境与任务的双重要求使然。

词云中某个词语或单词的特指性并不强，因此必须结合“愿景”相关的文本分析（表 4-5）。可以看出，部落大学愿景陈述集中在三方面：①部落大学存在的理由，部落大学是什么或应是什么。从图 4-5 中可以看出与此相关的词有 “教育”（education）、“机构”（institution）、“人民”（people）、“中心”（center）、“国家”（country）、“民族”（nation）。其中，12 所部落大学的使命宣言明确提出基于所在保留地或部落之上建设部落大学，如迪内学院、水蛭湖部落学院的愿景提到成为当地高等教育卓越中心，具体描述则稍有所不同。迪内学院提出“不断完善方案和服务，使纳瓦霍学院成为纳瓦霍人的高等教育示范中心”，水蛭湖部落学院提出“推进安内辛那比部落世界观和奋发的公民、监督者、领导者、终身学习者的学术卓越中心”。一些部落大学使命宣言愿景则更强调文化多样性、印第安国家建设等，如哈斯克尔印第安民族大学提出“一所独特的、多种族间大学，致力于部落主权、促进自决和部落的固有权利”，西南印度安理工学院则“渴望成为印第安国家的高校且学生成功为先的知识资产”。②部落大学存在的价值，相关的词语有“成功”（success）、“学术的”（academic）、“学习”（learning），在使命宣言的愿景中着重强调部落大学对部落社区的引领，指明大学努力的方向，确立部落大学期许的奋斗目标，强调学生成功、敬畏知识、注重教学方式、以学生的需求为导向、尊重传统等都是当下美国部落大学存在的价值关照。③部落大学实现愿景的途径。“方式”（way）、“提高”（enhance）、“未来”（future）是美国部落大学愿景中出现频率较高的词汇，表明实现使命宣言的愿景方式、未来发展道路与提升都是部落大学关注的焦点。

图 4-5　Nvivo11.0 的价值要素词云

表 4-5　美国部分部落大学使命宣言的组织哲学要素

校名	组织哲学	陈述
迪内学院	愿景	不断完善方案和服务，使纳瓦霍学院成为纳瓦霍人的高等教育示范中心
	价值	思考、规划、生活与反思
托和诺·奥哈姆社区学院	愿景	成为托和诺奥哈姆国家的高等教育中心，以增强部落在当地、州、国家和全球社区的参与
	价值	信仰、幸福、深度尊敬、一起工作
米尔斯湾社区学院	愿景	社区为基础、文化多样性、高质量、提升研究的部落学院
	价值	安内辛那比（Anishinaabek ）部落价值
奥格拉拉·拉科塔学院	愿景	通过教育重建拉科塔（Lakota）国家
	价值	尊重、宽容、智慧、坚毅、勇敢和人性
新特·格莱斯卡大学	愿景	植根于保留地与文化的印第安部落大学
	价值	勇敢、宽容、智慧、坚毅
滨湖全宗部落和社区学院	愿景	通过尊重、合作和团结的精神，提供缅怀过去、正视当下、梦想未来的中学后教育机构
	价值	尊敬、正直、管理、创造、同情
水蛭湖部落学院	愿景	是推进安内辛那比部落世界观和奋发的公民、监督者、领导者、终身学习者的学术卓越中心
	价值	人性、真理、勇气、诚实、尊重、爱、智慧
萨吉诺部落齐佩瓦学院	愿景	致力于维护培养使所有人达到更高层次的个人和学术成就的环境
	价值	真理、智慧、勇敢、人性、尊重、爱、诚实
哈斯克尔印第安民族大学	愿景	一所独特的、多种族间大学，致力于部落主权、促进自决和部落的固有权利
	价值	沟通、正直、尊敬、合作、领导力、卓越
美国印第安艺术学院	愿景	原住民族艺术与文化的首要机构
	价值	合作、卓越、创造性、尊重、正直
西南印度安理工学院	愿景	渴望成为印第安国家的高校且学生成功为先的知识资产
	价值	正直与责任、自我尊重、尊重多样性文化、数据化决策、开放与诚实的沟通、尊重原住民族语言、文化与自治、使命驱动的大学

从图 4-4 和表 4-4 所展现的高频词汇中，我们不仅能得出一个二级节点，还通过对尊重（respect），健全（integrity），责任（responsibility），谦恭（humility），诚实（honesty），信仰（beliefs），个体的（individual）这些高频词汇的综合与总结，发现了组织哲学下的另外一个二级节点的分支，那就是“价值”（value）。这也是美国部落大学宣言中的一个很重要的共同点。该共同点决定了其产生价值及部分存在意义，给我国相关学校的发展起到一个很好的参考作用。

“价值”是组织成员共享的信念与价值，而使命宣言是组织发展共享价值与文化的有效工具。本书发现部落大学的使命内容能够清楚呈现部落情怀为组织秉持的价值，部落大学是实现部落价值的重要途径，其以提供身、心、灵全人或高品质照护为部落大学的价值。这应是美国部落大学使命宣言的特点与亮点，基于此，将部落大学使命宣言中有关“价值”的文本资料输入到 Nvivo11.0 中进一步进行分析，从词云中显示，大部分大学使命宣言的价值强调保留地部落价值，强调真理、智慧、尊重、爱等传统的优良品质或人生哲学。部分部落大学使命宣言中的价值提倡传统的道德品质，凸显“沟通”（communication）、“合作”（collaboration）、“领导力”（leadership）、“卓越”（excellence）、“创造性”（creativity）、“多样性”（diversity）等现代西方价值。由此可以看出使命宣言中以尊重部落价值为亮点，向世人昭示其部落的传统精神、恒久文化与价值观，倾向于古典、保守、传统。联邦特许部落大学通常不为单个或几个部落所代表，使命宣言中以现代西方价值为倾向，但此偏向并不严重，其传统价值也有所涉及，其现代倾向也反映出重视当下的社会需求，积极服务印第安国家发展，是更为务实进取的价值观。

二、组织目标要素

组织目标传达组织成员共同的努力方向，也是组织的动力引擎。Bartkus、Glassman 与 McAfee 认为使命宣言至少有四个基本的目标[①]：公开传达组织方

---

① Bartkus B，Glassman M，Mcafee R B. Mission Statements：Are They Smoke and Mirrors？［J］Business Horizons，2000（6）：23-28.

向；提供一种控制机制避免组织从事与方向不相关的企业活动；传达组织价值，提供成员非常规决策的依据；建立共享的目标，激励员工。

组织目标是学校组织形式的重要体现，也是彰显学校特色的重要一环，学校类型和特色不同，其组织目标也会有差异，通过表 4-6 和图 4-6 对高频词汇和词云的分析发现：目标（object，goal）、学院（college）、价值（value）、项目（program）这些词语反映的组织目标中有着一个“总体目标”这样的二级节点，其产生原因和历史追溯从之前的背景研究中不难得出。这些词有着鲜明的特色和与传统高校的不同，展现了民族性和区域性，体现了一种文化传承和价值观的导向，给部落大学的发展提供了指导意义和相对具体的奋斗方向。学习（learning）、课程（course）、计划（program）、核心（core）、技巧（skill）这些词汇集中透视出组织目的的另一个二级节点，那就是“课程目标”。相较于上一个二级节点，这个“课程目标”更具体，更易理解，也更好操作，其特色也更加鲜明，更易通过实际和具体的确认来验证这种高频词汇所带来共性的正确性。这在部分部落大学中有所体现（表 4-7），如托和诺·奥哈姆社区学院提出“确保课程符合社区和个人的基础技能需要有关，即一般的阅读、写作和数学技能”，米尔斯湾社区学院提出“提供教育机会，包括学术、研究、职业、基本技能建设、文化和在职课程，并导致相应的证书、学位和毕业证书”等。学生（student）、发展的（developmental）、供给（provide）、教育的（educational）、职业（career）、生活（life）、机会（opportunity），这些高频词汇所带来的主要共同特征又产生了一个二级标题的分类，那便是“学生发展目标”。该要素所包含的内容更加贴合学生自身的发展和相关需求，这是每所部落大学所关注的，也是直接造福于学生的一个重要方法。同时，该目标直接影响组织目标要素的确立与实施，也是很多学生来求学所看重的一项具体内容，直接决定着该校的招生对象。部落的（tribal）、社区（community，communities）、拉科塔（Lakota）、民族（nation）、机构（institute）、环境（environment）、语言（language）、继续（continuing），这些高频词汇汇聚成为“社区服务目标”这项二级节点，体现了高校的服务性和反馈社会的特点。研究（research）、学术（academic）、知识（knowledge）这些高频词汇产生了“学术发展目标”这一二级节点，体现学校自身的发展特点，追求学术方面的突破，提升自身实力，追求更高目标。加强科研的同时，也给从该校毕业的学生带来了更大竞争力，从而有利于增加学校的知名度和影响力，给学校带来直接的利益。

表 4-6　基于 Nvivo11.0 的组织目标要素词频

词汇	字母数	计数	加权百分比（%）	词汇	字母数	计数	加权百分比（%）
students（学生）	8	45	2.19	communities（社区）	11	13	0.63
college（学院）	7	40	1.95	environment（环境）	11	13	0.63
community（社区）	9	34	1.66	Indian（印第安人）	6	13	0.63
education（教育）	9	34	1.66	language（语言）	8	13	0.63
objective（目标）	9	25	1.22	nation（民族）	6	13	0.63
learning（学习）	8	24	1.17	opportunities（机遇）	13	13	0.63
tribal（部族的）	6	24	1.17	quality（质量）	7	13	0.63
provide（供给）	7	22	1.07	academic（学术的）	8	12	0.58
culture（文化）	7	19	0.93	goal（目标）	4	12	0.58
development（发展）	11	18	0.88	values（价值）	6	12	0.58
educational（教育的）	11	18	0.88	American（美国人）	8	11	0.54
programs（计划）	8	18	0.88	life（人生）	4	11	0.54
native（原住民族）	6	16	0.78	core（中心）	4	10	0.49
research（调查）	8	16	0.78	experience（经验）	10	10	0.49
student（学生）	7	16	0.78	Lakota（拉科塔）	6	10	0.49
cultural（文化的）	8	15	0.73	leadership（领导力）	10	10	0.49
higher（高等）	6	14	0.68	self（自我）	4	10	0.49
career（职业）	6	13	0.63				

图 4-6　基于 Nvivo11.0 的组织目标要素词云

在美国部落大学使命宣言的目标中（表 4-7），涉及的范围较广，如总体目标、课程目标、学生发展目标、社区服务目标、学术发展目标等。其他目标的使用率并不高，其中层次目标并没有纳入使命宣言。各部落大学使命内容各不一致，这与不同部落大学拥有不同的目标需要与达成目标有关。美国部落大学制定目标为部落大学走向何方提供依据与导向，虽然部落大学的使命目标越来越宽泛，但作为部落大学应具备的最基本的职能，每一所部落大学都会以相似的方式体现在其使命宣言中。如美国部落大学使命宣言中都未涉及“财务目标”，可能是因为部落大学皆属非营利组织，因此利润并不是部落大学追求的目标，社区服务才是部落大学应尽职能中最重视的项目，其次是课程目标，再次是学生发展目标。

表 4-7　美国部分部落大学使命宣言的目标

学名	使命宣言的目标
奥格拉拉·拉科塔学院	部落 提供拉科塔的优秀毕业生 促进部落主权的研究与实践 与部落实体一起建设我们的国家 帮助学生获得有意义的就业和健康的生活方式 文化 在所有的学习系统利用拉科塔文化价值 传统拉科塔文化项目，包括宗教歌曲和仪式 研究、促进和传播拉科塔语、文化和哲学 提供保持和振兴拉科塔文化与哲学的领导 学术 鼓励高中生通过积极和合作学习的学习期望，成绩通过评估标准衡量 通过咨询、辅导、安排和提供财务援助来维持一个支持性的校园环境 实践开放招生，让学生在一个多样化的世界获得相关知识、技能和价值，并成为一个自我实现的人，为他们的家庭、社区和部落做贡献 奥格拉拉·拉科塔大学的创建 社区 支持当地社区的教育和其他发展 鼓励成为积极、富有生产力的社区成员 在社区和组织的背景下提供领导发展系统 通过继续教育和社区活动进行终身学习
托和诺·奥哈姆社区学院	加强学术学习，参与不断变化的社会，从而增强竞争精神 包括老年人为主要资源、导师、顾问和辅导员作为加强托和诺·奥哈姆社区的手段 招募高素质的教师和工作人员致力于教学、艺术指导和服务，建设托和诺·奥哈姆社区 确保正确整合托和诺奥哈姆价值到物质环境、课程、学校过程之中 确保课程符合社区和个人的基础技能需要，即一般的阅读、写作和数学技能 建立技术核心，使学生参与更广泛的社区，迎接未来的挑战
水蛭湖部落学院	提供副学士学位 准备好学生到其他高等教育机构 提供不同期限的学术项目 协助开发和追求整体生活的学习（包括身体、智力和审美素养） 达到和维持适当的认可和项目认证 维护和测量所有类别的学习质量 保持和提高安内什那比部落的文化、价值观、语言和知识 尊重妇女作为民族生命神圣者，成为社区的领导，作为文化教育社区发展中心 鼓励和支持员工的职业发展

续表

学名	使命宣言的目标
米尔斯湾社区学院	提供受过教育和培训的人力资源的密歇根原住民族社区 提供教育机会，包括学术、研究、职业、基本技能建设、文化和在职课程，提供相应的证书、学位和毕业证书 通过参与课程的工作和文化活动，培养美国原住民族语言、文化和历史的自豪感 提供合格的、专用的、以学生为中心的教职工 帮助学生获得必要的技能和自尊，这将有助于个人和事业的实现 准备并鼓励所有学生追求高级学位 提供持续性的社区教育
西南印度安理工学院	以证据为基础的制度文化为导向 理解和应对部落的教育和劳动力需求，扩大其在部落国家建设的作用，以更好地支持部落可持续性 用现代化的设施和技术支持学生的学习 提高其学院的运作，以实现更大的效益和更高的效率 将自己定位在部落学院的社区内

资料来源：作者根据相关资料整理

三、人才培养要素

从部落大学的性质和定位来看，其人才培养类型主要是应用型人才和训练有素的技术技能型人才。这从第一所部落大学建校之初就可见端倪，迪内学院从建校之始，除了为四年制学院或大学输送一定的学术型人才以外，更多的是对学生进行职业教育与培训。随后建立的绝大多数部落大学一直延续了这个“传统使命”（表 4-8，图 4-7）。而这一点与美国社区学院的人才培养模式基本保持一致。

表 4-8　基于 Nvivo11.0 人才培养要素词频

词汇	字母数	计数	加权百分比（%）	词汇	字母数	计数	加权百分比（%）
students（学生）	8	59	2.60	nation（民族）	6	15	0.66
college（学院）	7	58	2.56	academic（学术的）	8	14	0.62
education（教育）	9	44	1.94	development（发展）	11	14	0.62
community（社区）	9	29	1.28	research（调查）	8	14	0.62
learning（语言）	8	27	1.19	cultural（文化的）	8	13	0.57
tribal（部族的）	6	25	1.10	goal（目标）	4	13	0.57
objective（目标）	9	24	1.06	mission（使命）	7	13	0.57
provide（供给）	7	23	1.02	Nwic	4	13	0.57
Indian（印第安人）	6	20	0.88	self（自我）	4	13	0.57
quality（质量）	7	20	0.88	values（价值）	6	13	0.57
skills（技巧）	6	20	0.88	leadership（领导力）	10	12	0.53
opportunities（机遇）	13	19	0.84	life（人生）	4	12	0.53
student（学生）	7	19	0.84	communities（社区）	11	11	0.49
knowledge（知识）	9	18	0.79	curriculum（课程）	10	11	0.49
culture（文化）	7	17	0.75	language（语言）	8	11	0.49
educational（教育的）	11	17	0.75	activities（活动）	10	10	0.44
environment（环境）	11	17	0.75	American（美国人）	8	10	0.44
higher（高等）	6	17	0.75	prepare（筹备）	7	10	0.44
native（原住民族）	6	17	0.75	workforce（劳动力）	9	10	0.44
programs（计划）	8	17	0.75				

通过对人才培养要素词云的分析（图 4-7），从教育（education），质量（quality），高等（higher），部落的（tribal），原住民族（native）这些高频词汇中提炼出了一个二级节点："教育教学"。该词昭显了美国部落大学的办学特色和培养方式，凸显了教学的民族性和地方性，同时也呼应了美国部落大学的产生原因及相关作用。进一步结合具体文本分析可发现，11 所美国部落大学在使命宣言中都涉及教育教学方面的要素（表 4-9）。在部落特许的大学的使命宣言中涉及的教育教学要素，提及最多的是提供高质量的教育，比较多的有"保存与传承部落知识""通过教学回应保留地""部落的需要"等。此外，部分部落大学倾向于通过提供学术课程支持个人学习的机会，锻炼学生的思维，开阔视野和满足学生需要等。

图 4-7　基于 Nvivo11.0 的人才培养要素词云

表 4-9　美国部落大学使命宣言中的人才培养教育教学

校名	陈述	校名	陈述
迪内学院	高质量的学习	水蛭湖部落学院	基于安内辛那比部落价值的高质量教育
托和诺·奥哈姆社区学院	全人教育、高质量的教育服务	萨吉诺部落齐佩瓦学院	反映安内辛那比部落价值的教育
米尔斯湾社区学院	高质量的教育、课程设置基于传统原住民族价值	哈斯克尔印第安民族大学	学术卓越、文化与知识突出、全人教育
奥格拉拉·拉科塔学院	拉科塔物质、拉科塔发言人和拉科塔语最大程度的纳入每门课程	美国印第安艺术学院	创造性的教学、批判性的探寻、代际间学习的高质量教育、终身学习
新特·格莱斯卡大学	职业与个人需要相关的方式	西南印度安理工学院	文化多样性的学习、现代化手段支持学生学习
滨湖全宗部落和社区学院	满足多样性社区需要的高等教育		

资料来源：作者根据相关资料整理

学生（students），学习（learning），学术的（academic），领导力（leadership），劳动力（workforce），研究（study），学习者（learners），成就（achievement）这些高频词汇可以总结出“人才培养目标”的二级节点，再一次加强了美国部落大学的教育性和合理性，使学生能够被培养成被社会接受并广泛认同的、综合型、复合型人才。表 4-10 列出了美国部落大学使命宣言中有关人才培养目标的要素。美国部落大学的部落特许高校在人才培养目标上，注重培养学生职业能力、个人基本技能、生存技能、社区发展需要，以及学生的社区发展责任感、服务社区意识。联邦特许的 3 所部落大学则倾向于培养学生领导能力、关注学生成功和终身学习能力等。尽管 11 所部落大学对人才培养目标都有所涉及，但基本上没有对培养学生所应具备的知识、能力与素质作出具体描述，显得较为抽象与空泛。

表 4-10　美国部落大学使命宣言中的人才培养目标要素

校名	陈述	校名	陈述
迪内学院	学生幸福	水蛭湖部落学院	充分参与的市民、管理者、领导者与终身学习者
托和诺·奥哈姆社区学院	学术、生存与发展技能	萨吉诺部落齐佩瓦学院	植根于安内辛那比价值的教育机会
米尔斯湾社区学院	培育具有学术、研究、职业与基本技能的社区责任者	哈斯克尔印第安民族大学	领导能力
奥格拉拉·拉科塔学院	专业与职业能力	美国印第安艺术学院	学生成功、领导能力；终身学习者
新特·格莱斯卡大学	个人与职业的需要	西南印度安理工学院	学生成功
滨湖全宗部落和社区学院	满足社区的需要及个人发展的基本技能		

环境（environment），教学（teaching），活动（activities），课程（curriculum），技能（skills），文化（culture），训培（training），通过这些高频词汇可以发现和总结出“人才培养方式”这个二级节点。与先前的“人才培养”所不同的，它并不是针对宏观的定方向，而是一种更倾向于具体的方法论和实践论，为每位学生的具体培养方式提供了依据。不同学生的“人才培养方式”可能有所不同，这也给因材施教一个很好的参照。表 4-11 列出了美国部落大学在使命宣言中涉及的人才培养方式方面的要素，11 所部落大学的使命宣言中有 10 所涉及。总体看来，美国部落大学在使命宣言中涉及的人才培养方式主要包括学习环境、教学内容、方式、方法等。有 4 所学校涉及学术环境建设，提出要建立发展学生导向、反映原住民族价值、支持性的学习环境；有 5 所部落大学提及合作方式培养学生，如托和诺·奥哈姆社区学院提出“个人、家庭和社区合作的全人教育”，西南印度安理工学院提出“通过与部落、雇佣和组织合作培养学生”，迪内学院提出“与其他机构合作”，“提供纳瓦霍研究与语言、在线学习”，提供密歇

表 4-11　美国部落大学使命宣言中的人才培养方式要素

校名	陈述	校名	陈述
迪内学院	提供纳瓦霍研究与语言，在线学习，与其他机构合作	萨吉诺部落齐佩瓦学院	保持高层次的个人与学术成功的培育环境
托和诺·奥哈姆社区学院	个人、家庭和社区合作的全人教育	西南印度安理工学院	通过与部落、雇佣和组织合作培养学生
哈斯克尔印第安民族大学	创造一种由传统的美国印第安人/阿拉斯加尊重、合作、诚信的原住民族文化价值观，指导教师、学生日常生活、行动和态度的校园环境	美国印第安艺术学院	反应原住民族的文化与价值；通过文化基础项目满足学生身体的、社会的、情感的、知识的、精神的需要；提供展览、研究、原住民族交流和其他教育项目
奥格拉拉·拉科塔学院	鼓励学生通过积极和合作学习的学习期望，通过评估标准衡量；通过咨询、辅导、安排和提供财务援助来维持一个支持性的校园环境；实践开放招生，让学生获得相关知识、技能和价值，使其生活在一个多样化的世界，并成为一个自我实现的人，为他们的家庭、社区和部落做贡献	米尔斯湾社区学院	创造积极的、学生导向的校园环境；提供密歇根原住民族教育人力资源项目；提供学术、研究、职业、基础技能培训项目；通过课程与文化活动培养原住民族语言、文化和历史的骄傲感；提供高质量、学生导向具有奉献精神的教师与工作人员；提供继续教育与社区教育
滨湖全宗部落和社区学院	通过转移性教育和职业教育，促进学生学术和学术成就，为高等教育提供机会，重视个人发展，提供学习技术的机会与经验	巴康学院	学习被视为一种生活方式，鼓励灵活与广泛的视角，尊重所有年龄和种族对提升生存质量有贡献的人。随着学生身体的发展，社会的需求变得越来越复杂，课程应为满足学生的需求而改变

根原住民族教育人力资源项目，米尔斯湾社区学院提供“学术、研究、职业、基础技能培训项目，通过课程与文化活动培养原住民族语言、文化和历史的骄傲感，提供高质量、学生导向具有奉献精神的教师与工作人员，提供继续教育与社区教育”等。

四、社区服务要素

如果说传承民族文化是部落大学的“自然使命”，那么成为原住民族“社区服务中心”、推动当地经济社会发展便是其第二重使命，即“社会使命”。创建部落大学最初指向之一便是意欲通过这种高等教育机构改善原住民族保留地经济社会发展落后、人口素质低、产业结构落后、就业率低的问题。为此，在美国印第安高等教育联盟的领导下，部落大学主动与社区（地区）联姻，寻求协同互动发展的多重路径，以积极推动地方经济社会发展（表 4-12）。

表 4-12　基于 Nvivo 11.0 的社区服务要素词频

词汇	字母数	计数	加权百分比（%）	词汇	字母数	计数	加权百分比（%）
community（社区）	9	47	2.71	service（服务）	7	14	0.81
college（学院）	7	41	2.37	native（原住民族）	6	13	0.75
education（教育）	9	30	1.73	country（国家）	7	13	0.75
Indian（印第安人）	6	22	1.27	people（人民）	6	12	0.69
students（学生）	8	20	1.15	support（支持）	7	12	0.69
tribal（部落的）	6	20	1.15	leadership（领导力）	10	11	0.63
communities（社区）	11	19	1.10	culture（文化）	7	9	0.52
educational（教育的）	11	14	0.81	institution（机构）	7	9	0.52
reservation（保留地）	11	14	0.81	social（社会）	6	9	0.52

美国部落大学所服务的社区区分度和针对性很强，同时因其招收的学生较具有针对性，所以其服务社区类型特点也很强，而这一点在他们的使命宣言中也再次得到了体现（图 4-8）。通过对保留地（reservation），服务（service），原住民族

(native)，成员（member），支持（support），环境（surrounding）这些高频词汇的解析可得到“参与与服务保留地社区”这项二级节点，提高参与度和服务性是其做出改善的重中之重，本地性和地方支持是其特色，有较强的实践意义。部落（tribes），印第安人（Indian），机构（institution），文化（culture），社会（social），人民（people），文化地（culturally），传统的（traditional），这些高频词汇可提炼出“发展部落文化”这项二级节点，因为美国部落大学其具有的特殊性和民族性，让其对推动部落的繁荣起到了重要的作用，这也是最初成立它的原因之一。

图 4-8 基于 Nvivo11.0 的社区服务要素词云

表 4-13 列出了美国部落大学使命宣言中涉及的社区服务要素。表 4-13 显示，案例部落大学使命宣言都涉及社区服务，大部分部落大学的使命宣言中提到最多的社会服务要素是参与或服务保留地、部落、部落人民、自治，强调服务保留地与部落的行为方式或特殊项目，发展部落的文化、语言、世界视野等。这可以看出不同部落大学社区服务要素侧重点上有较大差异，有的更多强调部落大学所在部落保留地的社区服务、有的强调部落文化在社区服务中传承，从而能够促进学校与保留地社区的协作互动发展。

表 4-13 美国部落大学使命宣言中的社区服务要素

校名	陈述	校名	陈述
迪内学院	为纳瓦霍人民服务	水蛭湖部落学院	教育服务于安内辛那比部落的世界视野
托和诺·奥哈姆社区学院	增强原住民族在地方、州、国家和全球社区的参与	萨吉诺部落齐佩瓦学院	作为文化与教育的社区发展中心服务
米尔斯湾社区学院	在一个开放的、社区和多元文化的环境，支持和维护安内辛那比部落的文化和语言	哈斯克尔印第安民族大学	致力于提高部落主权、自决和固有权利，为原住民族社区的需要服务
奥格拉拉·拉科塔学院	支持当地社区的教育和其他发展；致力于培育积极、具有社会生产力的社区成员；在社区和组织的背景下为领导发展提供框架；通过继续教育和社区活动提供终身学习	西南印度安理工学院	通过更好地理解和应对部落的教育和劳动力需求，扩大其在部落国家建设的作用，以更好地支持部落基本需求的可持续性
新特·格莱斯卡大学	植根于保留地，致力于部落自治	美国印第安艺术学院	为提升部落主权与自治而努力
滨湖全宗部落和社区学院	提供庆祝我们的社区文化多样性的项目和促进全球理解；履行我们对美国印第安人社区的承诺，赠地法案授予的地位，以及文化的团结		

资料来源：作者根据资料自行整理

五、文化传承要素

美国部落大学不仅只有着教育学生的功能，还肩负着文化传承的重担。文化传承之薪火相传，需要一代又一代人的坚持，其中美国部落大学扮演着重要的角色。美国部落大学是以保护和传承原住民族语言与传统文化为首要使命的高等教育机构，是学生了解、搜集、维护与传承原住民族文化遗产的研究基地和学术中心。每个原住民族部落都有属于自己的文化与符号，因此，每一所部落大学都负有保存与传承部落文化遗产的使命。不仅如此，为了使原住民族学生能更好地融入美国现代社会，消弭原住民族传统文化与主流文化之间的隔阂，学习与传递美国现代社会主流文化也成为部落大学义不容辞的使命。为了更好地完成这一使命，部落大学尽力将原住民族传统文化与学校教学和研究紧密结合起来，成为原住民族精神与价值观的重要载体。比如，推行双语教学，革新教学方法，开设民族课程，提升学生印第安语言使用能力；创设有利于弘扬原住民族文化的校园环境与氛围，将部落文化精神与价值理念融入其中；汇集原住民族优秀学术人才，打造原住民族文化的学术研究中心，使学校成为传承部落文化和知识的“图书馆”或“档案馆”；选择有学识和丰富阅历的部落长老用传统语言、口述历史和艺术的方式为学生解读和教授部落文化和知识，使学生体认部落文化的博大精深，以增强这些“部落人”自觉传承本族文化的使命感。

通过 Nvivo11.0 分析得出高频词汇，可以发现：部落的（tribal），文化（culture），民族（nation），自然的（natural），文化的（cultural），历史（history），传统的（traditional），保留地（reservation），本地的（indigenous），语言（language），民族的（native）得出“部落（保留地）传统文化”这项二级节点，部落文化要素的内核体现的是历史、文化、语言、自然，展现了对于部落文化保存的重视性，高校的作用不可忽视。同时，美国部落大学因为有着部落的特色，所以在相关方面占有先天的优势，体现了其对文化传承的重要意义，表 4-14 列出了美国部落大学使命宣言中涉及的文化传承要素。部分部落大学重视保留地所在部落的传统文化、价值，提供保留地部落的语言学习，如迪内学院提供“纳瓦霍研究与语言”，托和诺·奥哈姆社区学院提出“平衡、加强、帮助托和诺·奥哈姆人们尊重自己和其他人的文化，在一个变化世界里培育竞争精神”。多样性（diversity），多元文化（multi-culture），记据（evidence），世界（world）构成了“多元文化”的二级节点，部分部落大学中侧重原住民族部落传统文化的传承兼顾西方现代文化精神，如西南印度安理工学院提出“证据为基础的文化；文化多样性”。体现了美国文化的多元与包容，兼收并蓄、百花齐放、齐头并进、共同繁荣的文化观，同时这是美国部落大学开办以来一直在坚持的，促进民族团结，使得各个文化能得以并存。

通过 Nvivo11.0 质性研究软件可以高效完成统计和分析，节省了时间，使得之前许多杂乱无章的数据变得井井有条、层次清晰。经由 Nvivo11.0 进行质性分析，得出了对部落大学使命宣言的初步认识，这五个宏观因素可能互相影响、相辅相成，可能互相独立、毫不相关，有待进一步的研究，不能一概而论。部落大学的使命宣言制定标准不能简单地归纳成政治要求或社会要求，而是有多种因素。

表 4-14　美国部分部落大学使命宣言中的文化传承要素

校名	陈述	校名	陈述
迪内学院	提供纳瓦霍研究与语言	水蛭湖部落学院	教育基于安内辛那比价值
托和诺·奥哈姆社区学院	平衡、加强、帮助托和诺·奥哈姆人们尊重自己和其他人的文化；在一个变化世界里培育竞争精神	萨吉诺部落齐佩瓦学院	教育反映安内辛那比价值
米尔斯海湾社区学院	支持与维护安内辛那比部落的文化与语言	哈斯克尔印第安民族大学	支持传统的美国印第安人/阿拉斯加土著的尊重、合作、诚实和责任的文化价值
奥格拉拉·拉科塔学院	在所有的学习中利用拉科塔文化价值；庆祝拉科塔文化包括宗教歌曲和仪式；研究、学习、促进和传播拉科塔语、文化和哲学；领导、保持和振兴拉科塔文化与哲学	美国印第安艺术学院	基于原住民族的文化和价值观的课程、材料与活动
新特·格莱斯卡大学	植根于部落文化，关注未来与大学的成长而努力	西南印度安理工学院	证据为基础的文化；文化多样性
滨湖全宗部落和社区学院	尊敬且促进安内辛那比的语言、文化和历史		

使命宣言的主要内容目前尚无定论。本书结合前人研究的使命宣言要素为基础，以案例研究归纳出使命宣言的五大范畴：组织哲学、组织目标、人才培养、社区服务、部落文化传承。这五大范畴可以做为部落大学设定使命宣言主轴与范围的参考。五大范畴凸显使命宣言在美国部落大学管理上的重要意义。

部落大学的“组织哲学”是让组织成员了解组织价值、理念及文化。组织目标说明使命宣言能成为组织有效的管理工具，建议管理者能让成员有效地接触使命宣言，在组织成员例行的工作上予以援用，让组织成员能自然接受。使命宣言的建构不单只由少数高层管理者决定，应该试着让组织成员适度参与实施或开发的过程，让组织成员清楚地感受到他们和使命是一体的①，让他们了解并认同组织，让使命成为他们动力的来源。人才培养是大学使命的最基础与最重要功能，部落大学则侧重培养学生应用性技能与职业技能。社区服务说明使命宣言是一种沟通工具，重视保留地社区与部落现实需求、积极服务部落与社区经济社会发展是部落政府与保留地社区对大学的基本要求，是对社区经济社会发展的一种回应。强调部落文化的传承是美国部落大学使命宣言的一大特

① Desmidt S，Heene A. Mission Statement Perception：Are We All in the Same Wavelength? A Case Study in A Flemish Hospital［J］. Health Care Manage. Rev，2007. 32（1），77-87.

色，无论是直述还是隐喻，大学崇尚部落文化的精神风貌都是鲜明的，这与其他类型高校有着巨大的差异。实现组织所呈献的使命内容，能够反映出组织政策的结果。使命是一个管理组织的好工具，未来研究者可以进行更多此类的分析与探讨，以期带动部落大学管理者以身作则执行使命，以好的使命宣言带给部落大学组织更具体的未来。

美国部落大学多年来一直致力于区域稳定、民族繁荣，让更多的人能够接受教育，学习技能，迈进社会，融入社会，传承创新文化，服务部落社区，促进社区间的相互交流，在这些相关领域里起着不可磨灭的作用。通过 Nvivo11.0 进行的质性分析，更加鲜明地显示了美国部落大学的具体作用及影响，对于该领域的研究又有了新的角度和突破，同时也体现了质性研究是一种很好的研究方式，望其能够在其他学科方向上得到更加深入、广泛的运用。

第五章

美国部落大学印第安文化课程

追溯历史，可以看到教育源起于文化传承的需要，没有文化便没有教育，文化又依赖于教育而得以传承与发扬。课程从产生之初便承接教育的文化传承这一功能，可以说课程是文化的承载，文化是课程的重要内涵。

美国部落大学对印第安文化传承方面的研究，有两个倾向，①围绕美国白人文化与印第安文化的关系在部落大学中的体现，如 Lentis 在其著作中以部落大学的文艺教育为切入点来分析美国白人文化与印第安文化的关系，认为印第安人的教育主导权是掌握在美国白人手中的，印第安学生在受教育的过程中部落文化被弱化，丧失了教育的本质意图[①]。Cole 通过对 28 所部落大学、33 所黑人传统院校和 30 所主流大学的课程进行实际调查，利用负二项回归分析法来研究学生的文化认同感[②]。②围绕部落大学如何传承印第安部落文化展开，Kuckkahn 从目标定位、课程设置、文化环境的创造等方面为部落大学如何在传承部落文化与传播白人文化之间寻求平衡给出了具体建议[③]。Tippeconnic 以印第安人科曼奇族的部落

① Lentis M. Art Education in American Indian Boarding Schools：Tool of Assimilation，Tool of Resistance［D］. Tucson：University of Arizona，2011：47.

② Cole W M. Accrediting Culture：An Analysis of Tribal and Historically Black College Curricula［J］. Sociology of Education，2006（79）：355-388.

③ Kuckkahn T. Bridging Two Worlds： Developing and Maintaining a Native American Center at a Public College［J］. Sociology of Education，2008（79）：168-186.

传统价值观教育为例来说明部落大学对部落文化的传承①。

关于部落大学课程方面的研究，主要是从课程标准、课程设置、课程内容三个方面来研究。如 Fredericks、Honena 以对课程标准的分析为切入点来研究部落大学的课程，研究其课程如何实现部落大学的使命及具体的课程学习项目如何开展运作。Cole、Coleman 从课程设置角度，具体分析部落大学的课程类别及课程实施方式和特点。Dakota、Inglebret、Crawley、Kostelnick、Sarah 这些研究都是采取案例分析法选取某一学科课程，具体分析这一课程的设置特点、实施方式、课程评价、存在问题、对策分析等。

这些研究对部落大学课程的内部运作环境和外部成长环境都有涉及，是比较全面系统的，这为美国印第安文化研究提供了很多良好的素材。美国部落大学异于一般主流社会的社区学院在于对部落文化的传承与认同，在课程之中结合印第安民族语言，因为语言是传承文化不可或缺的媒介之一。因此，美国部落大学的特色除了在学院设立与课程规划上重建原住民族部落的传统文化之外，还加入一般社区学院的课程模式，以利于转型升格为 4 年制的社区大学。为了达到以上目的，部落大学以印第安文化课程的形式作为印第安民族文化创新的实践，通过部落大学这一媒介，活化印第安民族的各个部落。

第一节　美国部落大学印第安文化课程的目标、内涵与价值

美国部落大学建设之初，就是为美国印第安民族所设计。印第安文化背景有其特殊性，部落也有其不同于社区的学习需求，部落大学在精神上与社区大学相似，目的是将原住民族知识的来源在地化，让知识与自己生活的环境紧密联结，希望以这种草根教育模式，尊重生命经验的共学方式，使部落成为族群

① Tippeconnic III J W，Fox M J T. American Indian Tribal Values：A Critical Consideration in the Education of American Indians/Alaska Natives Today［J］. International Journal of Qualitative Studies in Education，2012（25:7）：841-853.

发展的原动力。部落大学所要提供的印第安文化知识便是从自己部落中来撷取、提供，学习属于自己的真正具有在地性、民间性、主体性与发展性的知识，才能回馈部落、发扬印第安文化。

一、美国部落大学印第安文化课程的目标

美国部落大学在课程上，以原住民族在接受教育与学习限制为突破，开设多门与印第安文化传承相关的课程，解除了印第安民族面临的族群危机。除此之外，美国部落大学以“部落再生”为核心，传承与创新部落文化并主要在于能够区别一般社区学院或大学。研究者在搜集美国各部落大学课程表、课程设置等文件资料并参考相关文献后，将美国部落大学的印第安文化课程目标列举如下：

（一）促进部落文化的传承与创新

殖民地时期前，印第安部落内的学习模式即是通过部落长老传授生活经验与知识，蕴含着印第安文化、语言、历史、伦理、信仰、仪式与自然万物。因此，以部落大学为知识传递平台，通过印第安文化课程的设计，提供印第安部落相关语言、历史、文化课程的学习选择，借此种学习机制让印第安部落民众在符合其文化与习俗的环境气氛中学习和传承祖先的知识技能。如纳瓦霍社区学院印第安文化课程的目标就是为了传承纳瓦霍文化，为部落发展培养特色文化人才。在迪内学院，人们相信纳瓦霍的历史、语言、文化、哲学、艺术、音乐和当前的印第安问题都是有必要被理解、接受和认可的，通过教育和文化的传播，可以有更多的人了解纳瓦霍人的故事。很多印第安文化课程的开设都从不同方面传承纳瓦霍的部落文化，比如说，纳瓦霍语言类课程下开设的纳瓦霍语言传播学，这门课程根据学生身份的差异又具体划分为原住民族的语言教育和非原住民族的语言教育课程，纳瓦霍原住民族的语言教育课程是为了让学生熟悉纳瓦霍文学和语言艺术，知晓当前纳瓦霍语言的热点问题，掌握纳瓦霍语言讲授的技能，以便把纳瓦霍语言传播给更多的非原住民族。非原住民族的纳

瓦霍语言教育课程的开设则是为了让这些学生了解纳瓦霍语言的音、形、义，掌握基本的词汇，能够进行日常的交流和基本的写作，以便更好地了解纳瓦霍的文化。为了更好地促进纳瓦霍语言的传播，还专门开设了纳瓦霍公共演讲课，培养学生对纳瓦霍语言的应用能力。为了巩固学生的纳瓦霍语言和相关知识，还开设了纳瓦霍语言描述与叙述课等，这些课程兼顾不同类型语言学知识对学习者的要求，从纳瓦霍语言的音、形、义和听力、阅读、写作等语言运用能力来实现纳瓦霍语言的传承和传播。

（二）发展部落永续经营的模式

部落的发展，应回归由部落民众凝聚共识并共同去执行。部落大学作为知识平台与学习媒介，应设计符合保留地印第安民族部落经营与未来发展的课程，促使其自发学习部落经营所需的知识与技能。除此之外，挖掘部落内部资源并结合部落外部资源，规划部落发展的蓝图，培养富有部落文化内涵与现代知识能力的印第安部落。因此，美国部落大学印第安课程目标考虑振兴原住民族产业经济、文化生活及生态教育。

（三）重建印第安传统的价值与伦理规范

美国印第安部落在遭受主流社会的文化冲击下，印第安民族对于部落传统价值的规范逐步弱化，部落大学领导层逐步意识到这将会影响印第安部落对族群的认同。因此，通过部落大学印第安课程的规划与传授，探讨印第安部落语言、历史与文化，强调部落价值与哲学，重建印第安传统伦理与社会制度，从而让印第安民族保留地部落伦理与部落的信仰文化培养印第安民族观、世界观，服务保留地、服务社区及更宽广的社区。例如，为了传承纳瓦霍的传统技艺，迪内学院开设了很多此类课程。纳瓦霍的银饰制作历史悠久，可以追溯至公元前一千多年，这门技艺代代相传，工艺精良，极具民族文化特色，这种艺术承载着几个世纪以来的民族精神。迪内学院开设了初级和高级银器制作课，初级课程是为了让学生了解纳瓦霍的银饰发展历程、熟悉纳瓦霍银饰文化、掌握银饰制作的基本要领；高级课程则是为了培养学生的实际银饰制作能力和点缀装饰文化。纳瓦霍价值观类的课程也非常典型地体现了传承纳瓦霍部落文化的课程目标，纳瓦霍哲学、纳瓦霍精神、纳瓦霍基本法、纳瓦霍人际关系学等课程开设的目标是培养学生依据传统文化为人处事的能力，树立符合传统文化的价值观、世界观。纳瓦霍印第安文化课程的开设从不同的角度满足传承纳瓦霍文化的要求，这类课程不胜枚举，不再一一赘述。

二、美国部落大学印第安文化课程的内涵与价值

印第安文化课程涵盖的内容，包括印第安文化重建类课程（印第安研究、语言学习课程、历史类课程、文学等）、技艺类课程（印第安传统技艺、音乐、舞蹈）、传统知识与现代生活相结合的课程（部落政府和经济学、部落资源与经济发展等课程），见表 5-1。

表 5-1　美国部落大学的印第安文化课程内涵与价值

课程	基本内涵	价值
文化重建类课程	传统部落大学除了一般知识之外，还需要将传统伦理也一并回归到部落机制。部落大学的设立便是要找回过去印第安部落教育体制里的部落机制。所以部落大学不是一个知识传授的场所，也身负找回部落伦理机制、振兴印第安部落的重要目标	主体性 在地性 民间性
技艺类课程	将印第安的歌曲舞蹈和工艺品引入部落大学课程中，从而了解印第安民族的艺术风格，感受印第安民族艺术的美；同时也提高表现力和动手能力，在艺术的熏陶下，继承印第安民族乐观积极、淳朴自然的性格	主体性 在地性
传统知识与现代生活相结合的课程	印第安文化传统的知识是与生活脉络、生活技能相关联的。这些知识以往通过师徒制的教学主体性结合的教育方式传授，比较缺乏客观、观念性知识的传递，因此需与现代生活相结合，结合时代特征发展，提升印第安民族在现代社会中的竞争力而又不失特色	主体性 发展性

（一）印第安文化课程的在地性

部落大学一定是设立在部落，为印第安社区服务。印第安文化课程及其规范都以保留地为出发点来考虑，与当地社区结合，这是印第安文化课程的在地性。考虑到在地性的印第安文化课程政策具有弹性，通常因地制宜，不强加限制。

（二）印第安文化课程的民间性

由于部落大学的营运具有在地性的特征，所以不同部落大学印第安文化课程针对不同特性规划设计，甚至不同部落之间文化的差异也必须考虑在内，课程设计与规划通常也考虑民间力量的参与。

（三）印第安文化课程的自主性

除了在地性与民间性之外，部落大学的印第安文化课程通常基于印第安立场，不受联邦政府或外来力量干预，以印第安民族的教育、学习需求与特性为优先考虑，并衡量印第安部落与印第安民族未来发展而规划。

（四）印第安文化课程的发展性

部落大学印第安文化课程具备的核心价值是发展性，具备与时俱进的特点，面对日新月异的现代社会不断发展、精进，传统印第安知识需与现代生活结合起来。

第二节　美国部落大学印第安文化课程设置

美国部落大学的课程规划，首重部落的需求及部落的特色，既结合部落的环境和部落文化，将其整合产生学术理论，又不失部落实务工作。为反映印第安部落的需求与部落大学设置的宗旨，同时着重产业发展，着重自然资源管理与家庭、部落发展问题，着重保存族群与部落的文化和语言等。部落大学开设的印第安文化课程包含部落民族传统的语言文化课程，课程教学以双语教学为主，帮助印第安民族进行语言的推广与保护。部落大学为符合社会发展、就业趋势与当地部落需求，提供了多种多样的教育课程，如学术教育、职业教育、传统文化艺术与语言教育、职业训练计划、阅读计划和合格教师培训计划等。[①]

---

① 陈洪. 美国部落学院：现状、特点与困境［J］. 高等教育研究，2011（8）：103.

部落大学一方面希望通过传统文化课程让印第安民族延续保存本民族的文化，另一方面也希望通过职业课程传授专业技能，让印第安民族能拥有基本的谋生能力以适应现代社会，或是经由补救教学课程、一般学术课程，鼓励印第安民族学生继续升学学习。为发挥成为社区服务中心的功能，部落大学还提供社会工作服务的学位课程，学习该课程的毕业生可就近在当地政府或部落行政单位里找到相关工作。部落大学的专业和课程在保证传承部落文化的同时，紧紧围绕所在社区印第安人民的职业和生活需求来设置。印第安文化课程在教育中满足学生的文化需要，有效达成各学科课程目标和培养学生的多元文化意识方面担负着重要作用。因此印第安文化课程以传承印第安文化为课程规划的重心，有助于印第安学生从文化上的学习建立民族的认同，同时在传统技艺的学习上，成为印第安艺术的种子。

为了实现部落大学设立的目标，在印第安文化课程规划以“部落文化的传承与创新”为基础，根据每个部落不同需求而设计，以促进部落语言、历史与文化的传承与发扬为主要目的，以服务保留地社区需求。印第安文化课程推动者认为印第安文化是相当重要的，而且在流失很快的当下，文化的找回有其迫切性和需要性。所谓迫切性是因为印第安的传统文化智慧，是在“老人家”的脑袋里，随着老人家记忆力的减退及生命的结束，将会越来越不容易把文化找回来。需要性的部分也是因为文化流失得太快，文化的保存有其重要性，所以希望由部落大学规划一系列课程的实施，将流失很快的印第安文化赶快找回来，并将其有系统地记录保存。

在过去 40 年的部落大学运动推动了美国印第安民族历史、语言、艺术、精神和印第安文化的研究项目和课程等。美国部落大学校长们辛勤耕耘，帮助部落社区振兴他们的文化和语言。美国部落大学提供各种历史、文化和语言课程及研讨会，课程提供给印第安人和非印第安人，有的提供给学生，有的提供给教师，有的提供给广大市民。

一、印第安文化课程的类别

Honena 以 2010 年美国部落大学开课资料来分析，文化重建类是最主要的课程，高达 62 门，占总课程的 73%，技艺性课程是属于第二个偏重的课程，共开了 21 门，占总课程的 25%。另外，在社区相关课程部分也开了 2 门课。图 5-1 显示部落大学提供针对美国印第安人设置的六大类印第安文化课程。这些类别分别是美国印第安研究、部落语言与教学、部落传统艺术、部落的历史、部落政府和经济学、当代美国印第安问题。①

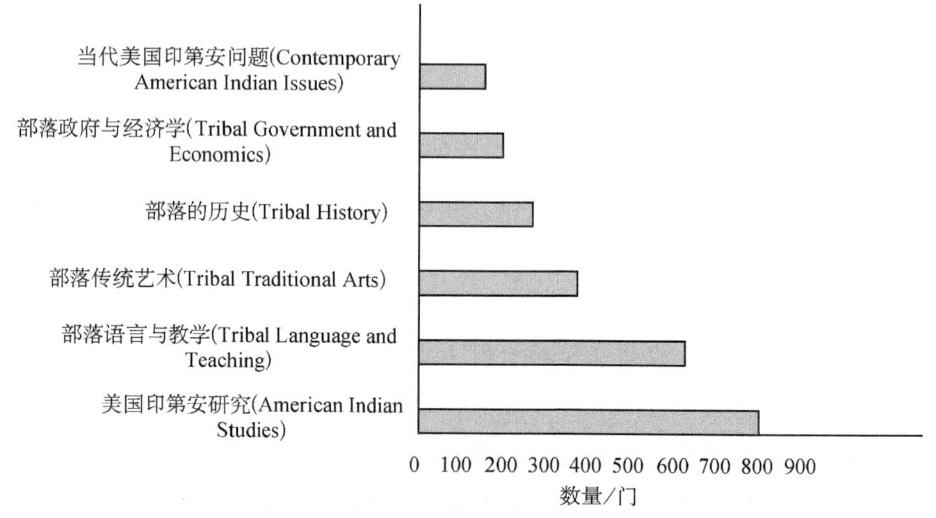

图 5-1　美国部落大学开设的具体印第安文化课程

资料来源：Honena V. American Indian Tribal Colleges： Mission Statements，Degrees and Certificates，and American Indian Courses［D］. Dissertations of Idaho State University，2011：65.

基于以上相关资料发现，美国部落大学印第安文化课程规划理念是植根于“反应部落民族的需求”，其目标异于美国主流的教育体制，在于强调部落文化传承的使命感。因此，美国部落大学开设的印第安文化课程都是反映保留地部落内部的需求，让各部落发展属于部落本位的特色。反映部落需求所开设的课程很多，有传统文化的印第安部落语言、风俗习惯、传统祭仪、诗歌舞蹈及部落研究等课程，其中又以美国印第安研究课程最为普遍。除此之外，美国部落大学印第安课程也会反映需要吸收一些现代知识，如部落政府与经济、现代印第安问题等。根据 2010 年的相关调查，35 所部落大学提供了 2624 种针对印第

① Honena V. American Indian Tribal Colleges：Mission Statements，Degrees and Certificates，and American Indian Courses［D］. Dissertations of Idaho State University，2011：65.

安学生的具体课程，如表 5-2 所示。

表 5-2　美国部落大学提供给印第安学生的具体课程

课程	数量（门）
美国印第安研究（American Indian Studies）	800
部落语言与教学（Tribal Language and Teaching）	629
部落传统艺术（Tribal Traditional Arts）	376
部落的历史（Tribal History）	274
部落政府与经济学（Tribal Government and Economics）	200
当代美国印第安问题（Contemporary American Indian Issues）	162
部落进修（Tribal Enrichment）	70
部落哲学（Tribal Philosophy）	38
部落社区（Tribal Community）	21
部落教育教学与课程（Tribal Education Teaching and Curriculum）	16
口述历史与传统（Oral History and Traditions）	23
灵性（Spirituality）	10
手语（Sign Language）	5

资料来源：Honena V. American Indian tribal Colleges：Mission Statements，Degrees and Certificates，and American Indian Courses[D]. Dissertations of Idaho State University，2011：65.

美国印第安研究（800）占了具体课程的 30%，部落语言与教学课程（629）占课程设置的 24%，部落传统艺术课程（376）占课程设置的 14%，部落历史课程（274）占课程设置的 10%，部落政府与经济学（200）占课程设置的 8%，当代美国印第安问题（162）占课程设置的 6%，部落进修课程（70）占课程提供的近 3%。部落哲学、部落社区、部落教育教学与课程、口述历史与传统、灵性和手语占课程设置的 5%。

表 5-3 和表 5-4 显示了美国部落大学提供的印第安文化课程的例子。

表 5-3　部落大学针对美国印第安学生提供的印第安文化课程名称

课程中文名称	课程英文名称
美国印第安人的艺术形式	American Indian Art Forms
美国印第安珠绣和缝纫	American Indian Beading and Sewing
美国印第安信仰和神话学	American Indian Beliefs and Mythology
美国印第安人游戏	American Indian Games
美国印第安人健康展望	American Indian Health Perspectives
美国印第安音乐	American Indian Music
化学品依赖和美国印第安人	Chemical Dependency and the American Indian
美国印第安人对植物的文化利用	Cultural Use of Plants by American Indians
糖尿病与美国印第安人	Diabetes and the American Indian
美国印第安社区商业学	Doing Business in American Indian Communities
森林管理学	Forest Management
美国印第安人课程发展基础	Fundamentals of American Indian Curriculum Development
雕刻的基本原理	Fundamentals of Carving
美国印第安人捕鱼权	Native American Fishing Rights
原生植物识别学	Native Plant Identification
人与土地季节性的生活方式	People and the Land and Seasonal Ways of Life
手语	Sign Language
银器制作	Silversmithing
帐篷制作	Tipi Making
成功的美国印第安创业主题	Topics in Successful American Indian Entrepreneurship
传统的鼓乐和唱歌	Traditional Drumming and Singing
部落法律研究	Tribal Legal Studies
部落资源和经济发展	Tribal Resources and Economic Development

资料来源：Honena V. American Indian Tribal Colleges： Mission Statements，Degrees and Certificates，and American Indian Courses［D］. Dissertations of Idaho State University，2011：66.

表 5-4　满足通识教育的美国印第安文化课程

课程中文名称	课程英文名称	数量（门）
美国印第安研究	American Indian Studies	132
语言教学	Language Instruction	74
传统艺术	Traditional Arts	39
历史	History	33
部落政府与经济学	Tribal Government and Economics	26
当代美国印第安问题	Contemporary American Indian Issues	15
哲学	Philosophy	9
灵性	Spirituality	5
口述历史	Oral History	4
合计		337

资料来源：Honena V. American Indian Tribal Colleges： Mission Statements，Degrees and Certificates，and American Indian Courses［D］. Dissertations of Idaho State University，2011：67.

一个部落大学为一个以上的部落提供需求可能会出现问题。美国印第安人研究现在已经成为部落大学的课程的一个重要组成部分，它所面临的最大挑战是美国印第安人研究项目与文化如何结合。部落院校也正在不断寻找各种方法来“印第安化”（Indianize）他们的机构，这是所有美国印第安大学一项艰巨的任务，对于服务于许多不同的文化机构带来了巨大的挑战。

总之，部落大学提供特定于美国印第安人和非美国印第安人的课程。通过课程帮助学生学习传统文化和部落语言，让他们熟悉美国印第安部落有关的条约和联邦法律，了解主权和理解美国印第安人的自决权。最为重要的是，部落大学里的美国印第安民族学生与其他族裔学生共同学习。诚如博耶所言：“通过文化和语言课程的核心，我们的目标不是简单地教授更多的文化基础课，也不是更多的部落历史和哲学，而是成为一种新的大学，一个外观和行为不像主流的学院……在全国各地，更多的部落院校都在一起寻找，重新思考文化的作用。主要领导都在问，部落大学在整合校园文化知识做得是否足够？是否能够确保部落语言在部落院校生存？如果没有，他们怎么能多做有利于促进独特的部落身份的生存和发展？”①

① Boyer P. Not To Be：TCUs Probe Identity Questions as They “indigenize” Their Institutions［J］. Tribal College Journal，2005（3）：11.

二、印第安文化课程内容

多数部落大学的印第安文化课程内容的选择和组织也是以传承部落文化、满足部落发展的需求为主线的。以迪内学院为例，由于纳瓦霍人相信人和自然界甚至是宇宙都受到神秘力量的支配，都是处在一个和谐神圣的“生命圈”中，受这种信仰的支配，纳瓦霍人崇尚神灵，追求平衡、和谐、包容的生活。很多印第安文化课程的内容都体现了这种平衡、包容的生活理念。例如，纳瓦霍哲学课和教育哲学课程就典型地体现了纳瓦霍人追求生活平衡的信念，其课程内容在详细介绍纳瓦霍人的精神面貌的同时还介绍了男性和女性、人类和自然等多种力量之间的互动关系和法则，引导学生实现生活、工作、社交和生命四种价值之间的平衡。

迪内学院还有很多印第安文化课程体现了纳瓦霍人对不同文化的包容态度。比如说，纳瓦霍哲学这门课程的内容不仅简单介绍纳瓦霍的传统哲学，还吸纳了多元文化的因素，是从多元文化的视角来介绍纳瓦霍哲学，体现了纳瓦霍人对不同文化的包容性。这门课程同时还提供很多主要哲学家的著作，包括形而上学、认识论、美学、伦理学、自由论和决定论、宗教和社会正义等。此类课程设置一方面能够让学生了解纳瓦霍的传统哲学，了解部落得以生生不息的精神渊源，帮助他们树立正确的人生观和价值观；另一方面对其他经典哲学思想的介绍和引进可以增长学生的关于人生、社会、自然的知识，开阔学生的视野，引发他们对世界的深刻思考，满足通识教育对学生多重思维能力的要求。

迪内学院还开设了西南部的跨文化研究这门课程，课程的主要内容是研究纳瓦霍保留地（横跨亚利桑那、新墨西哥和犹他三州）西南的美国原住民族的文学和艺术，还包括西班牙乃至欧洲的文学和艺术，帮助学生了解不同地区和不同文化之间的差异性，学会尊重和包容。迪内学院还开设了很多直接满足部落发展需求的印第安文化课程，如纳瓦霍领导与交流这门课程的主要内容是介绍纳瓦霍领导的技巧、风格和流派，让学生熟悉纳瓦霍部落是如何运作和发展的，熟悉部落管理的规则和艺术，并且在学习中让学生参与实际的管理案例，培养学生领导组织能力，培养部落管理和领导的优秀接班人。

三、印第安文化课程实施

由于课程性质的差异，部落大学的印第安文化课程讲授采取了不同的方式，注重因材施教。这类课程是传承部落文化的载体，因此讲授多采用传统的口述讲解方式，也有很多传统技艺类的课程采用口述讲解和操作演练相结合的授课方式。印第安文化课程对教师的传统文化素养有更高的要求，以迪内学院为例，该校还开设了很多教师教育课程和教师培训项目，用以提升教师对纳瓦霍文化和印第安文化的驾驭能力。纳瓦霍口述历史和纳瓦霍口述传统及风格这两门课程对纳瓦霍传统的讲授方式口述做出了详细的说明，介绍了这种传统教育方式的发展历程、部落长者口述的风格流派，进而详细介绍了讲故事、雄辩术、祈祷、演讲等口述的具体形式，让学生了解每一种口述形式的具体运作原理和实施方式，以便更好地与教师互动，提升学习效果。纳瓦霍语言类课程的讲授就采用口述这种传统方式，而且还针对不同的学生群体采取不同的教育方式，淋漓尽致地体现了因材施教。原住民族的语言教育课程和非原住民族的语言教育课程虽然都采用口述形式，但是具体的口述方式和内容的难易程度有所出入，对原住民族主要采取雄辩术和演讲等形式教授纳瓦霍语言的语法及使用规则，锻炼学生驾驭语言的能力。而对非原住民族的语言教育多是一般的口头讲解和朗读，教授纳瓦霍语言的音、形、义，培养一般的认知和阅读能力，和原住民族的学习内容相比难度较低。

总之，纳瓦霍印第安文化课程的讲授在沿用传统教育方式的同时，还根据课程内容的差异适当调整，因材而教，增强了传承传统文化的有效性。

四、印第安文化课程评价

部落大学对学生的学业评价采用学分制，学生须修完相应的课程并且达到规定的成绩要求才能获得相应的学分。由于课程目标和内容的差异，印第安文化课程和传统学科课程具体的测验方式也不同。迪内学院印第安文化课程多采用分级测验的方式进行，针对不同水平和能力的学生，安排不同的测试内容，进而根据测试结果分配到不同的班级继续学习。

如迪内学院的学生在刚入学未注册之前会进行一次测试，学校对学生的读写算等能力进行初步的掌握，进而根据测试的结果决定学生接下来的学习课程。例如，安排学生在学习纳瓦霍语言类课程之前接受一次测验，了解学生对纳瓦霍语言的熟悉程度和运用能力，然后据此结果把不同水平的学生安排到纳瓦霍语言的初级或者高级课程班。

迪内学院的原住民族学生和非原住民族学生的纳瓦霍语言课由于课程内容的差异，考核的具体形式也不同。前者多采用雄辩术和演讲等形式考核原住民族对纳瓦霍语言的掌控运用能力，后者多采用一般听、读、写考核方式来考核非原住民族对纳瓦霍语言的熟悉程度。再例如，由于纳瓦霍的银器制作初级课程内容主要是相关理论知识，因此其考试多采用口述和纸笔测验的形式；而高级课程主要是制作、打磨、镶嵌、装饰等技巧，这些实践性较强的知识多采用实际操作、成品考核的方式来检测。

印第安文化课程的考核形式大多数都是根据课程的具体内容和讲授方式来确定，既考虑到不同文化形式的差异性，针对不同的课程内容制定不同的考核方式，可以有效反馈学生的学习效果，有效地传承部落文化；又兼顾学生知识背景的差异，根据学生的学习基础和学习能力进行分层教学，提高学生的学习效率，也最大程度地开发学生的学习潜能。对于纳瓦霍文化传承而言，这种考核方式充分深入地挖掘可利用的文化资源；对于学生的能力发展而言，这种考核方式满足了“最近发展区”原则，使学生的潜能得到最大限度的发挥，这是一种双赢的考核方式。

第三节　美国部落大学使命与印第安文化课程

部落大学提供美国印第安课程协助实现使命宣言中部落和文化方面的愿景。Murray 曾经提出："部落大学印第安文化课程是文化价值的基础和使命的重要组成部分，从而保护印第安的文化、遗产、传统和语言。"[①]

一、印第安文化课程围绕使命宣言，满足部落独特需求

大学的办学理念和自身定位都给课程和教学打上了深深的烙印，通过课程设置和教学实现其办学使命，履行社会职责。部落大学的身份定位既有深刻的政治论基础，又有一定的认识论基础。所谓政治论基础指的是部落大学的成立是印第安人维护其受教育权利、争取教育自主权、实现教育自治的结果；所谓认识论基础是指部落大学的成立是以传承和发展印第安文化为目标，追求知识、文化的发展。美国印第安高等教育联盟（AIHEC）关于部落大学的使命宣言声称"部落大学作为印第安人独特的教育机构，目的在于为部落人民提供充足的教育机会，通过教育加强部落发展，为部落民众谋福利，提高生活质量"[②]。

部落大学的使命宣言显示部落大学的核心目标定位就在于通过教育促进部落发展，综合分析部落大学课程设置，主要围绕提供优质教育项目、促进文化语言发展、支持个人发展学习、支持社区需要、培养领导力这五个要点，并且开设了多种类型的课程，实现历史使命，如表 5-5 所示。很多部落大学的课程都致力于实现部落大学的课程标准，在这五个方面达成了共识。

---

① Murray S. Wisconsin's Tribal Colleges Overcome Challenges to Enrich Their Communities［J］. Tribal College Journal，2006（3），29-32.

② Tribal College Mission Statementhttps. 2007.http：：//www.aihec.com/.

表 5-5 美国部落大学使命宣言汇总统计

学校名称	使命宣言				
	提供优质教育项目	促进文化语言发展	支持个人发展学习	支持社区需要	领导力培养
米尔斯湾社区学院（Bay Mills Comm College）	√	√	√	√	√
黑脚族社区学院（Blackfeet Comm College）	√	√	√	√	
坎克德斯卡·西卡纳社区学院（Cankdeska Cikana Comm College）	√	√	√	√	√
首席钝刀学院（Chief Dull Knife College）	√	√	√	√	√
麦洛米尼民族学院（College of Menominee Nation）	√	√	√	√	√
马斯科吉民族学院（College of the Muscogee Nation）	√	√	√	√	√
科曼奇民族学院（Comanche Nation College）	√	√	√	√	
迪内学院（Diné College）	√	√	√	√	√
丰迪拉克部落社区学院（Fond du Lac Tribal Comm Col）	√	√	√	√	√
贝尔纳普堡学院（Fort Belknap College）	√	√	√	√	
贝特霍尔德堡社区学院（Fort Berthold Comm College）	√	√	√	√	
派克堡社区学院（Fort Peck Comm College）	√	√	√	√	√
哈斯克尔印第安民族大学（Haskell Indian Nations University）	√	√	√	√	√
伊利萨维克学院（Ilisagvik College）	√	√	√	√	
美国印第安艺术学院（Institute of American Indian Arts）	√	√	√	√	
凯韦诺湾奥吉布瓦社区学院（Keweenaw Bay Ojibwa Comm College）	√	√	√	√	√
奥吉布瓦社区学院（Lac Courte Oreilles Ojibwe Comm College）	√	√	√	√	√
水蛭湖部落学院（Leech Lake Tribal College）	√	√		√	
小大角学院（Little Big Horn College）	√	√	√	√	
小牧师部落学院（Little Priest Tribal College）	√	√	√	√	
纳瓦霍技术学院（Navajo Technical College）	√	√	√	√	√
内布拉斯加印第安社区学院（Nebraska Indian Comm College）	√	√	√	√	
西北印第安学院（Northwest Indian College）	√	√	√	√	
奥格拉拉·拉科塔学院（Oglala Lakota College）	√	√	√	√	√
萨吉诺齐佩瓦部落学院（Saginaw Chippewa Tribal College）	√	√	√	√	√
萨利希·库特奈学院（Salish Kootenai College）	√	√	√	√	
斯卡大学（Sinte Gleska University）	√	√	√	√	
锡塞顿·瓦皮顿学院（Sisseton Wahpeton College）	√	√	√	√	
坐牛学院（Sitting Bull College）	√	√	√	√	
西南印度安理工学院（Southwestern Indian Polytech Institute）	√	√	√		√
石娃学院（Stone Child College）	√	√	√	√	√
奥丹姆社区学院（Tohono O'odham Comm College）	√	√	√	√	√
龟山社区学院（Turtle Mountain Comm College）	√	√	√	√	√
联合部落技术学院（United Tribes Technical College）	√	√	√	√	
白地部落学院（White Earth Tribal College）	√	√	√	√	√
提出该使命的学院数量	35	35	34	34	19
所占百分比（提出某一使命的学院数量/部落大学数量）（%）	100.00	100.00	97.14	97.14	54.29

部落大学通过开设多种印第安文化课程满足部落发展的独特需求。部落大学围绕其历史使命开设了不同类型的印第安文化课程，这是部落大学课程体系的主体部分。综合分析 37 所部落大学的课程体系发现，它们的课程设置有很多相通之处，都凸显了印第安的文化特色。例如，很多学校都开设了共同类别的印第安特色课程：关于印第安传统价值观类的课程有美国印第安人信仰和神话学、印第安部落发展史、印第安人创业史等；关于印第安人传统技艺类的课程有印第安艺术品、雕刻的基本原理、美国印第安珠绣和缝纫、毛饰物制造、手语、银器制作、帐篷制作、美国印第安传统歌舞、美国印第安人游戏等；关于印第安当前社会发展的课程有美国印第安健康教育、化学品依赖与美国印第安人、糖尿病与美国印第安人等；关于部落管理类的课程有部落法律研究、美国印第安人捕鱼权、美国印第安社区商业学、卫生学、美国印第安植物引进学、森林管理学、部落资源和经济发展等；关于印第安人本土生活方式的课程有原生植物识别学、人与土地季节性的生活方式等。这些特色课程体现了印第安文化的方方面面。

进一步分析，表 5-6 列出了米尔斯湾社区学院的使命宣言。米尔斯湾社区学院的使命如下：为学生提供高质量的教育机会，基于社会、多元文化支持和维护安内辛那比部落（Anishinaabek）文化和语言环境，促进研究和促进个人的发展。

表 5-6　米尔斯海湾社区学院印第安文化课程

课程中文名称	课程英文名称
现代美国原住民族阅读课程发展	Contemporary Native American Literature Curriculum Development
大湖美国原住民族研究	Great Lakes Native American Studies
密歇根州印第安部落的历史	History of Michigan Indian Tribes
农村和印第安教育介绍	Introduction to Rural and Indian Education
安内辛那比儿童发展和课堂	Anishinaabek Child Development and the Classroom
安内辛那比文化体验	Anishinaabek Cultural Experience
安内辛那比传说与口述传统	Anishinaabek Legends and Oral Traditions
奥杰布瓦语	Ojibwe Language
人与土地季节性的方式生活	People and the Land and Seasonal Life Ways
部落政府和经济问题	Tribal Government and Economic Issues

资料来源：Honena V. American Indian Tribal Colleges： Mission Statements，Degrees and Certificates，and American Indian Courses［D］. Dissertations of Idaho State University，2011：66.

使命宣言是组织发展共享价值与文化的有效工具。部落大学使命宣言的内容，能够清楚呈现部落情怀为组织秉持的文化与价值，部落大学是实现部落价值的重要途径，以培养身、心、灵全人为部落大学的价值。如表 5-6 中显示，米尔斯湾社区学院使命宣言为保留部落价值，强调安内辛那比部落的传统优良品质或人生哲学。为实现安内辛那比部落的文化价值，米尔斯湾社区学院提出目标："提供受过教育和培训的人力资源的密歇根原住民族社区；提供教育机会，包括学术、研究、职业、基本技能建设、文化和在职课程，并提供相应的证书、学位；通过参与课程和文化活动，培养美国原住民族语言、文化和历史的自豪感；提供合格的、专职的、以学生为中心的教职工；帮助学生获得必要的技能和自尊，这将有助于个人和事业的实现；准备并鼓励所有学生追求高级学位，提供持续性的社区教育。"由此可以看出，米尔斯湾社区学院使命宣言中以尊重部落价值为亮点，向世人昭示其部落的传统精神、恒久文化与价值观，倾向于古典、保守、传统，但也结合了西方多元文化价值与现代个人价值发展。

同时，由于社会环境的发展变化，很多部落大学还与时俱进地引进新的理论和技术，寻求新的学科发展生长点，完善课程设置，加强与主流大学之间的教育交流和合作，博采众长，开设了很多类型的现代通识教育课程。例如，开设经济学、管理学、人类学、英语、物理、化学、生物、地理等通识教育基本课程，有的大学还根据时代发展的要求于近些年新开了健康学、卫生学、计算机技术等现代化的课程。同时为了提升这些课程的学习质量，部落大学通过与主流大学联合开办教育项目、增加联合授予学位和资格证书的种类等手段，来加快课程改革的步伐。

二、印第安文化课程促进使命传承，凝聚原住民族知识的共识

教育是推动文化认同的重要方法，而课程的内容就是文化精神的精致体现。通过印第安文化课程的教学，学生能从课程中理解与认同自己部落的文化，通过印第安文化课程的内容呈现印第安部落文化的价值内涵，启发学生对自己文化的反省及判断，也可以通过讨论发现主流文化与本族部落文化的冲击

或引发的问题，寻找解决问题与适应多元社会的方法。这有助于部落大学的使命传承，凝聚美国原住民族部落的共识。

1. 印第安文化课程提升部落民族对自我文化认同的可能性

美国部落大学从 1968 年至今，通过植根于印第安部落的课程，以及有志于重建部落的精英一点一滴的耕耘与付出，让部落的生命之火逐渐燃起。这种传承的过程，不仅延续了原住民族文化的生命，也让部落长老有机会去阐述属于印第安部落的故事。在这个过程中，不但长老们找回自信，也让印第安民族有力量去建构民族历史、价值与信仰。

虽然在推动的过程中遭受种种挫折与困境，但是许多部落大学通过学习印第安课程的方式将传承与发扬部落文化的使命延续下去，让原住民族文化的火把能继续燃烧下去。

2. 印第安文化课程培养学生适应现代社会的能力

印第安文化课程内容不仅要呈现印第安部落值得保存与传承的文化价值，也要融入现代社会中印第安部落或族群面对的困境与挑战，更具前瞻性地来设置印第安文化课程。要尊重传统，又要有解决现实问题的能力。

3. 印第安文化课程推动原住民族对传承文化的坚持

美国原住民族在历经外来强势政权的侵略之后，原住民族的语言、社会组织、祭奠仪式逐渐弱化。由于美国原住民族的系列法案的健全及原住民族不懈的抗争，原住民族的世界有了重新建构、再次扬帆启航的空间，让族人能寻回祖先的记忆，也让印第安部落有了重生的机会。美国原住民族希望通过部落大学的印第安文化课程来解决的迫切问题之一——部落大学印第安课程的设置与传授，仍需以凝聚原住民族的共识、振兴民族文化图像、形塑原住民族命运共同体为最终目的。因为这是确认部落大学的主体性最重要的条件。印第安文化课程让原住民族认识到在一种民族使命感的鼓动之下，活出属于原住民族的价值与面貌，这样的活力与生命力才能够持久。

第四节　美国部落大学印第安文化课程设置的特点

美国部落大学的印第安文化课程是围绕部落传统文化来开设的，课程要素的方方面面都彰显了传统文化的印迹，这类课程旨在实现部落文化的传承，培养部落发展所需的特色文化人才。而一般的传统学科课程的文化背景是美国白人文化，课程内容不可避免地会折射出白人文化的影像，这类课程旨在促进学生能力的全面发展，既能让学生毕业后顺利融入美国主流社会，又能满足部落全面发展对多样化人才的需求。由于传统学科课程的内容和讲授方式等都来自于美国白人文化，因此，这类课程的开设也起到传播白人文化的作用。整个部落大学的课程设置是一种把传承部落文化和传播主流文化有机结合的双重课程体系。一直以来，印第安人和美国白人的冲突一部分来源于文化的差异，这种文化的差异是导致印第安人在美国寄宿学校受教育失败的罪魁祸首，直到印第安人实现教育自决，成立部落大学，印第安人的高等教育发展才取得显著成效，部落文化也得到了有效传承。随着多元文化发展趋势加强，部落大学仅仅围绕部落文化开展教育不仅限制了学生的个人发展，而且不利于部落的长远发展，因此，部落大学把传播白人文化纳入教学目标中，寻求这两种文化关系的平衡。部落大学的这种双重课程设置模式对于实现部落文化和美国白人文化的协调起到积极的推动作用，然而其中存在的问题也不可忽视。

一、课程设置对双重文化的平衡作用

部落大学这种双重课程体系对于印第安文化和美国白人文化关系的平衡作用，具体表现在培养学生的文化包容意识、丰富学生的文化知识、提升学生的文化适应力、创建文化交流平台四个方面。

1）培养学生的文化包容意识。通过印第安文化课程的学习，学生能够深入了解部落文化的方方面面，了解部落存在和发展的精神力量及运作法则，传统文化知识得以积淀，民族认同感和归属感得以强化。通过一些传统学科的学习，学生能够了解到文化的多元性、世界的多样性，了解美国白人社会的文化

精神和运作法则，对白人文化的接纳和包容意识得以增强。

2）丰富学生的文化知识。印第安文化课程主要是为了向学生传授印第安传统文化，让学生熟悉和掌握部落文化。传统学科课程的内容既有美国白人文化的相关知识也有世界文明的其他知识，这些内容冲破了学生单纯的印第安文化的界限，让他们接触到更多的人类文化，进而学会尊重不同文化，树立正确的世界观。

3）提升学生的文化适应能力。印第安文化课程主要是培养学生对印第安文化的驾驭和运用能力，满足部落社区的发展需求；而传统学科课程则从知、情、意、行多方面培养学生的综合能力，以适应社会发展对人的全面发展的要求。当前的社会发展日新月异，单纯的传统文化教育不能全面开发人的潜能，对部落的长远发展弊大于利。这种双重课程设置把部落文化教育和综合素质教育结合起来，能够更好地实现学生的全面发展，学生毕业之后既能回归社区支援部落发展，又能顺利走入美国白人社会，继续深造。

4）为不同文化之间的交流提供了平台。一方面有些课程的内容和讲授方式就包含着不同文化的交流因素，例如，“美国社会中的印第安人”这门课程就是把印第安人放置在美国社会中去研究的，探究美国印第安人和白人的社会关系；纳瓦霍语言课教学采用由本土学生帮助非本土学生学习的方式，这种不同文化背景的学生之间的交流合作本身就是一种文化交流的体现。再如，部落大学还和美国一些四年制的大学开办了合作学习项目，联合授予学位证书，这种合作办学的模式更是两种文化交流的典型体现。总而言之，这种兼顾传承部落文化和传播主流文化的课程设置积极推动了印第安文化和美国白人文化的协调发展。

二、课程设置在处理双重文化关系中的失衡

部落大学的这种课程设置在客观上促进了印第安文化和美国白人文化的和谐发展，然而，其不足也制约了这种推动作用的发挥。这些不足主要从课程目标、课程结构、课程内容和课程实施四个方面总结。

1）这两类课程的目标貌合神离。部落大学开设的这些课程受到来自部落文化传承和社会发展趋势两方面的推动，虽然在课程的类型上兼顾了这两个目标，

然而这种课程设置并没有相关的课程理论作指导，课程编制的理论基础不完善，使得两种课程目标缺乏有机的联系。虽然学生可以通过这两类课程的学习了解熟悉部落文化和白人文化，整体看来综合知识得到发展，但这种结果有两种可能性：一种是学生能够对两种文化、两种价值观融会贯通，既能适应部落传统生活也能顺利走入白人社会；另一种是这两种文化给学生的认知和价值观带来混乱，学生对这种文化感到无所适从。虽然前一种结果我们喜闻乐见，但是后一种可能性的存在也是不可否认的。两种文化的和谐共生需要相关理论的指导，完善这种课程编制的理论基础，可以有效避免文化冲突带来的认知矛盾。

2）这种双重的课程设置模式不仅需要“量”的充足，还需要“质”的优化。虽然这两类课程下开设了很多具体课程，能够拓展学生的知识面和提升综合能力，但是课时总量和课时分布结构缺乏合理的规划。课程中很多传统技艺类和价值观类课程所占课时较多，而传统学科中的一些操作性强的信息技术课程和白人文化类课程课时较少，不利于学生深入了解白人文化，而且很多课程都是必修课，选修课数量较小，限制了学生的自由学习。

3）课程内容的“现代化”和“综合化”程度不足。整个课程体系过于关注印第安文化，过于注重“民族化”，对传统学科课程内容的现代化把握不到位，课程内容更新较慢，教材跟不上时代步伐，对新知识和传统知识的渗透程度不足，特色课程和一般课程的综合程度不高。

4）对课程实施手段的革新重视不够。由于有些印第安文化课程内容的特殊性，采用传统的教育方法无可厚非，但是一些技术性比较强的传统学科课程就不能单纯地采用口述的方式，必须与现代化的技术手段结合起来。例如，化学实验课必须让学生走入实验室亲手操作，不能只停留在理论研读上，计算机数字技术类课程就必须把教师的演练和学生的实践结合起来。这样学生才能真正掌握这些知识，为走入社会实现职业目标打下基础。

总之，部落大学的课程设置把传承部落文化作为主要目标，同时又兼顾了对美国白人文化的传播，这也是部落大学课程设置的主要模式，对于实现印第安文化和美国白人文化的和谐共生产生积极的推动作用。不同文化之间的发展形态直接影响着不同文化群体的社会关系形态，一直以来美国白人和印第安人的关系随着两者文化关系的冲突与缓和不断变化，美国联邦政府对印第安采取的民族政策和教育政策就是生动的体现，这些文化关系的变动影响着教育，教育对两种文化关系的发展也具有一定的作用，两者是一种相互影响的关系。

第五节　美国部落大学印第安文化课程实践问题

经过相关文件分析，我们发现美国部落大学印第安文化课程的实践仍存在不少的问题。归纳如下：

一、财政短缺与经费拨付的问题影响部落士气

部落大学成立之初，财务不稳定的状况十分严重。美国联邦政府拨付部落大学的经费较为有限，学校教师工资、人事费、材料费、设备补助等数额巨大，这使得部落大学在推动印第安课程上显得捉襟见肘。除此之外，经费拨付的时效常常因为核销因素而延宕，甚至拨付的经费少于先前约定的数目金额等。这些都会破坏部落民族对部落大学的信任，削弱部落的士气与共识的凝聚，甚至影响部落大学的顺利运作与发展。

美国部落大学的财务拮据几乎是一个“常态性”的困境，除了因为在开办初期体制尚未健全之外，对联邦政府在经费补助的过度依赖是影响部落大学继续发展的致命伤。因为美国部落大学尚未发展出健全的自筹财源网络，其经费多半来自于联邦政府的补助。由此可以知道美国政府掌握了经济资本，并且以此优势来控制甚至是左右部落大学的行政经营和课程推动。

二、缺乏原住民族知识体系的印第安文化课程

印第安族主要靠口传的方式将文化流传下来。印第安民族文化传递的奥秘

是音乐和歌谣里面有祖先的教训、价值信仰、部落的迁移等内容，传统上用吟唱的方式承续。但由于历史的久远及社会的变迁，文化知识显得散乱无章，各印第安民族无法针对本族的文化建构系统的知识体系，更没有发展为阶序性的教材。多年来部落大学各自发展课程内容与教材，往往因地制宜，停留在社区民族部落的教育内容与印第安民族技艺的学习，无法对族群文化的意义、价值做深入探索。

三、拼凑式的印第安文化课程，缺乏统整性的课程设计

在课程组织的层面而言，印第安文化课程杂乱无章。目前由于缺乏系统性教材，导致不知何种知识应规划在哪一领域，何种知识可以作为印第安文化课程的单元，每学期应安排多少节课。这些成为部落大学教师课程设计的困扰。

四、缺乏印第安民族师资，影响印第安文化课程的品质

由于印第安高等教育具有族群文化的特殊性与差异性，印第安文化课程非一般教师所能胜任。原则上由印第安部落教师授课最为合适，但是以美国部落大学的生态，并非每一所部落大学都有充足的印第安民族教师。因此在师资方面存在着师资不足、印第安民族知识不足、课程设计能力不足等问题。

五、保留地社区文化情境受现代生活影响

由于美国部落大学印第安文化课程的实施，学生需要在家庭或保留地社区延续部落大学的学习，但是在部落中普遍存在生活困境及现代化生活的影响，印第安文化学习逐步呈现弱化的情形。

总而言之，“民族性”是民族高等教育的灵魂，继承和发扬民族文化是民族高等教育的使命所在。我国民族院校的发展也是为了保存多样的民族文化，在多元文化一体化的格局中保持和发展民族特色文化。美国部落大学课程设置既有继承民族特性的特色文化类的课程，也有通识教育的综合性课程，在保持

“民族性”的同时追求“多元化”，对于推动本民族的全面发展卓有成效。然而由于异质文化之间的差异性，多元文化和谐共存的实现任重而道远，不同文化的交流碰撞势必会引起人的认知结构和价值观的改变，民族院校的课程教学必须处理好“民族化”和“多元化”的关系，才能做到促进文化和谐共生。

第六章

美国部落大学治理

早在英国殖民地时期，印第安部落被视为独立国家，英国殖民政府在这一时期与印第安人签订各种条约，对其实行印第安保留地制度。这些保留地属性复杂，既有“联邦保留地，也有州保留地，其中相当一部分土地是由非印第安人所有，甚至许多保留地上印第安人完全被非印第安人所‘包围’，这就是‘印第安人保留地的幻象’”[①]。这导致印第安部落、联邦政府与州政府关系呈现出复杂且多元化的特征。整体而言，印第安高等教育治理问题的难解之谜由来已久，问题的根源在哪里？各方如何应对？该部分试图对美国印第安高等教育治理的整体框架、治理关系的历史演变、法理基础、治理结构与运行等问题进行考察，从而探索其中的答案。

第一节　当代美国印第安高等教育治理关系的整体框架

二十世纪七八十年代，学界开始借鉴最新的研究成果，结合美国印第安高等教育的实际经验，运用模型来解释与分析印第安高等教育治理关系，这为提升印第安高等教育治理关系做了理论上的铺垫。自从解释模型在这个领域中得到有效运用之后，印第安高等教育治理关系研究得到快速发展，但也给印第安高等教育治理的解释带来了复杂性，在此背景之下，解释美国印第安高等教育

① 杨恕，曾向红. 美国印第安人保留地制度现状研究[J]. 美国研究，2007（3）：51-69.

治理关系的整体框架开始出现。佩托斯基（Petoskey）于 2000 年构建有关部落、联邦和各州政府的教育责任关系的整体框架则是其中的典型代表。[①]该整体框架建立在 Deloria 1974 年所提出的部落政府与联邦政府高等教育治理模型[②]的基础之上，结合新时期的法律体系与组织建设，进而整合和重新建构印第安高等教育权力分配的整体框架，见图 6-1。该整体框架由三个同心圆及七大模块构成，三个同心圆分别代表部落、联邦与州政府，三个同心圆交叉形成七块区域分别代表美国印第安高等教育中的责任（部落/联邦，联邦/州，州政府责任的不同区域/部落，以及三边责任或部落/联邦/州）区域。每个部门都有独特和共同的责任，甚至有一些责任由三方共享，即三边责任。

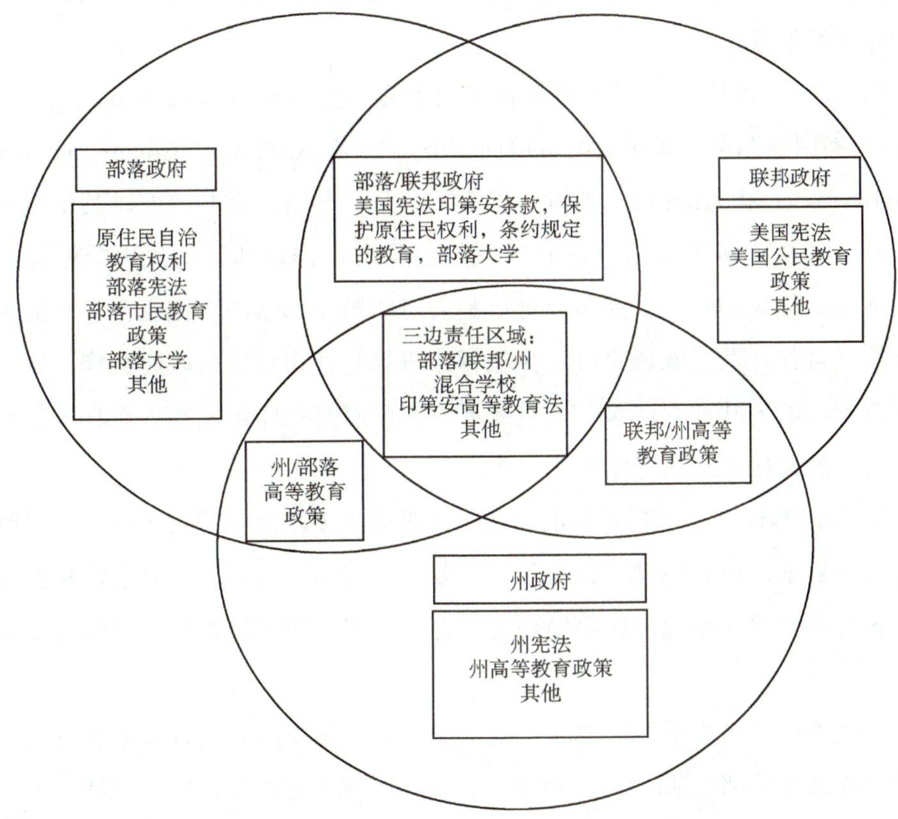

图 6-1 美国印第安高等教育治理的整体框架

① Petoskey M F. Tribal Courts[J]. Michigan Bar Journal. 2000（5）: 366-369.

② Deloria V. Behind the Trail of Broken Treaties: An Indian Declaration of Independence[M]. New York: Delta Publishing Co.，Inc. 1974:101.

部落/联邦区包括了印第安部落教育部门或代表部落的其他机构和印第安人事务局（BIA）及印第安教育局（BIE）负责统筹。印第安人事务局及印第安教育局均隶属于美国联邦内政部，印第安人事务局的主要职责是管理原住民族保留地/信托土地上的美国原住民族相关事务，包括美国原住民族部落及阿拉斯加原住民族等。印第安教育局的使命是提供高品质的教育机会，根据部落对于文化及经济福祉的需求及维系印第安部落及阿拉斯加原住民族村落的文化及政治体制的广泛多样性，包括从早期儿童时期到终身。此外，必须强调将个人在家庭、部落或村落中的精神、心理、身体及文化不同方面纳入考虑，以提升印第安全人发展教育。

联邦/州区包括了美国能源部和州教育办事处（State Education Agency，SEA）。美国能源部下设国会与政府间事务办公室（Office of Congressional and Intergovernmental Affairs），通过与国会、各州、部落、市县政府、其他联邦机构、利益攸关者和一般公众进行的联络、沟通、协调和互动促进能源部的政策、项目、倡议的落实。能源部每年都会对印第安部落的一些教育机构提供财政拨款及合作开发能源项目等。州教育办事处是各州层次的政府机构，制定州区域范围内的公共教育政策，通过渗透联邦政府有关印第安高等教育政策到各保留地，扩大对各保留地教育的控制。

州/部落责任区在佩托斯基的阐述中并没有过多涉及，因为各州、各保留地历史情况复杂，边界模糊。目前各州一般通过与部落政府教育财政转移支付、设立各种教育项目来促进印第安高等教育的发展或更多涉入以影响印第安高等教育。

三边责任区是最重要的地区，揭示了美国印第安高等教育未来的发展，联邦政府继续鼓励部落/州协商。由于三边责任区域的特殊性，很多学者认为是各州印第安高等教育责任的灰色领域，“谁拥有什么管辖权”尚未有定论。如密歇根州苏圣玛丽市的包维廷・阿尼什纳公立学校学院（Bahweting Anishinabe Public School Academy）。这所学校由苏圣玛丽齐佩瓦印第安人部落拥有，部落公民治理获得印第安人事务局的特许和资助，并从密歇根州获得特许和资金，但该校行政管理者与印第安人事务局代表两者管辖的治理关系模糊且重叠。

综合上述，佩托斯基所构建的阐释美国印第安高等教育治理中联邦政府、州政府、印第安部落的权利与责任整体框架，试图帮助理解印第安高等教育由来已久的权利分配问题。但印第安高等教育治理关系是个内涵相当丰富的研究领域，整体框架从事实上能够反映印第安高等教育治理关系中的整体图景，但由于印第安高等教育事务的复杂性和边界的模糊性，联邦政府、州政府、部落有关印第安高等教育治理诸多灰色地带和难题的存在让各部门关系变得扑朔迷离。

第二节　美国印第安高等教育治理权的演变

要了解美国印第安高等教育治理的复杂关系，必须从历史的视角切入。因篇幅限制，本节仅简单就美国印第安部落、联邦和州政府在印第安高等教育治理控制权做粗略划分。印第安部落、联邦或州政府拥有印第安高等教育主要治理权，从这一角度出发，历史的进程如下：从 19 世纪至 20 世纪 20 年代，联邦政府从部落政府剥夺印第安高等教育的控制权，印第安高等教育转移至联邦政府来主要控制；从 20 世纪 20 年代到 20 世纪 70 年代，印第安的教育控制权从联邦政府转移到各州及其创立的公立学校；20 世纪 70 年代以后，联邦政府的法律和政策允许的部落政府重新收回印第安高等教育的控制权。这个过程并非风平浪静，经历了从部落控制—联邦控制—州政府控制—部落控制的曲折历程①。

主权通常被定义为一个国家或民族的权力来管理自己。2014 年 10 月，在社区学院信托协会（ACCT）的年度会议上发表主题演讲的谢丽尔（Cheryl Crazy Bull）将自治定义为“造物主赋予部落人们生活的固有的权利，包括通过教育对让儿童和公民社会化”。关于高等教育自治权利可以追溯到 1978 年所颁布的《部

① McCoy L M. Federal Indian Law and Policy Affecting American Indian and Alaska Native Education. http: //www.narf. org/wordpress/wp-content/uploads/2015/01/purple.pdf.　2016-04-12.

落自主社区学院援助法案》（*The Tribally Controlled Community College*），经修改，在《高等教育法》里明确。基于以上系列法律的颁布，部落拥有教育公民的固有权利。法案在联邦政府的支持下申明部落提供教育的权利，并在部落的治理文件规定，奠定了部落大学和 K—12 学校的基础。有观点认为，部落主权是美国部落大学是否存在、作用和服务的关键。

在与非印第安人接触之前，各部落负责部落成员的教育。虽然印第安各部落教育情况迥异，但一般是通过家庭、宗族和社区系统，传授部落儿童的生存、社会和精神技能，以此来延续部落文化和繁荣经济。[①]印第安人最初接触正式的学校教育经常是通过传教士和教会学校，更侧重于宗教的皈依及行为与穿着上的西化，而不是教授学业。

一、联邦政府控制（1800—1920 年）

自从 1778 年的《德拉瓦条约》（*Delaware Treaty*）到 1871 年，在将近一个世纪之间，美国政府通过“政府对政府”（government-to-government）的方式进行了漫长的条约谈判与签订。美国政府与印第安人之间的这些特殊关系，表现在彼此签订的修约。虽然这些条约曾遭到美国各界人士的批评与攻击，但这些条约是在美国联邦政府的民族政策下，美国原住民族建立他们具有半独立主权（semi-sovereign）的部落城镇（native American polis）的基础。这些条约有关教育的规定中提出，联邦政府负责印第安人子女上政府举办的寄宿学校（boarding school）。由此教育条款可以看出，美国联邦与印第安部落政府间建立了一种“信任关系”，遂在美国史上，充分保障了印第安人教育的提供与资源的保障。但值得一提的是，为印第安民族建立的这些寄宿学校和走读学校大都位于保留地外，美国联邦政府为此类学校所提供的教育主要是农业或工业艺术技术和职业培训。许多情况下，政府通过与各宗教派别签订合同的方式来提供教育。

① Performance and Accountability Report Fiscal Year 2015. http: //www.uspto.gov/sites/default/files/documents/USPTOFY15PAR. pdf. 2016-04-12.

美国国会在 1871 年宣布，印第安人不再被视为独立的民族，而是联邦政府的监护对象（ward）。因此他们过去通过条约所确保的既有（inherent）权利，将变成是被授予的（delegated）。原先很多由教会管理的印第安人学校逐渐被印第安人事务局所管理的学校取代。[①]这些学校的政策是通过强制去除原住民族学生的部落文化将他们同化到主流文化中，希望通过种族隔离来加速同化的进行。

尽管大环境有了重大改变，但美国印第安民族并没有放弃追求过部落生活，维护印第安人传统文化的权利。他们了解自己的文化与美国主流文化迥然不同，因此更加珍惜自己的文化与自治权利，并通过条约、部落与美国政府间的特殊关系及部落乡土（tribal homeland）的维护等方法，使同化一词对印第安人而言，在意义上与其他美国少数民族不同。

二、州政府控制（1920—1970 年）

由于印第安民族的特殊性，印第安事务由联邦政府全权负责。但美国各州拥有立法、制宪权力，各州政府通过不懈努力，对印第安事务司法卷入越来越多，其触角逐步伸到印第安高等教育领域。早在 1917 年初，美国印第安事务专员提出，“……印第安人的学校是州政府的公立学校，而不是联邦政府，应该满足大多数印第安人的教育需求”[①]。1928 年的《梅瑞安报告》（*Meriam Report of 1928*）着重指出了印第安人教育的失败与滥权现象，认为非保留地的寄宿学校对印第安学生身心造成了极大的损害，联邦政府有关印第安学校系统的政策受到广泛而严厉的批判，推动了改革及增加财政补助。[②]经过数十年，联邦政府改弦易辙，对美国印第安人的正规教育的主要责任也从联邦政府转移到各州政府。许多联邦政府建立的寄宿和走读学校被关闭，学校财产则分别被各州政府所接收。

---

① McCoy L M. Federal Indian Law and Policy Affecting American Indian and Alaska Native Education. http://www.narf.org/wordpress/wp-content/uploads/2015/01/purple.pdf. 2016-04-12.

② Meriam, L.. *The Problem of Indian Administration*[M]. Baltimore: Johns Hopkins Press, 1928.

尽管如此，联邦政府仍继续对印第安民族教育提供经费资助。1934 年，《约翰逊·奥马利法案》（*Johnson-O'Malley Act*）[①]出台，该法明确了联邦政府对印第安部落的责任。1950 年《援助的影响法》（*the Impact Aid Law*），授权联邦政府资助保留地公立学校的学生，并免征房地产税。剩余的联邦印第安学校，联邦政府负责财政资助。印第安民族的教育标准、政策、教学方法则由各州政府负责。

1953 年美国颁布《第 280 号公共法》，该法规定赋予六个“命令州”在保留地上实行全面司法权，提出州的民事法可以广泛运用到保留地印第安部落领域及居住居民，和本州市民具备的法律权利相同，而此法的法律范围包括了教育。同时，二十世纪五六十年代联邦实行的“终止”政策导致数以百计的保留地撤销，保留地上联邦设立的学校关闭，联邦在保留地教育的影响式微，州政府则异军突起。在这种情况下，“那些被‘终止’部落地位的印第安人顺理成章地须服从保留地所在州司法权的全面管理”，由此，印第安部落的教育权利则自然过渡到各州政府。[②]

三、回归部落主管（1970 年至今）

20 世纪 60 年代，美国参议院对公立学校的印第安学生发展进行调查，提交了《美国印第安人教育》（1969）报告。该报告指出，印第安学生有高比例的文盲率、辍学率，公立学校在很大程度上忽略了他们的需要和文化。对于这些问题，该报告主要归咎于联邦印第安政策，认为联邦不应该参与或控制印第安的教育。联邦政府则制定了 1972 年《印第安教育法》、1975 年《印第安自主与教育援助法》、1978 年《援助的影响法》修订，1978 年《部落大学援助法案》、1988 年《部落学校拨款法案》和 1990 年《原住民族语言法》等系列法案对此作出回应。承认美国印第安人和其他弱势学生有特殊学习需要，且一般

---

① Johnson-O'Malley Act 1934[EB/OL]. U. S. Statutes at Large. Vol. 48，1934：596. http：//www.constitution.org/uslaw/sal/ 048_statutes_at_large.pdf. 2015-07-22.

② 杨恕，曾向红. 美国印第安人保留地制度现状研究[J]. 美国研究，2007（3）：51-69.

全权授予公立学校来满足这些需求，强调印第安高等教育自决和部落控制权。这些系列法案的颁布的确使印第安部落对保留地学校、教育事务等的管理权到了极大提升。

印第安人的教育问题之所以变得复杂，主要是因为印第安人的公民权和主权的混沌不明，以及他们对同化的抗拒等多种因素产生。尽管美国政府做了许多部落化印第安高等教育的措施，但国会的“任意权力”仍旧存在，美国州政府与部落在印第安高等教育中的治理关系远没有盖棺定论，它仍旧在州政府争取更多教育控制权和部落争取更多教育自治权的斗争中寻求新的均衡。20 世纪 80 年代之后，随着新公共管理要求下放权力的改革运动，美国州政府与部落的关系又出现了新的分权化趋势，在这种分权化的改革中，部落获取了更多的教育自治权力，但美国联邦、州政府与部落的关系依然充满变数。

第三节　美国印第安高等教育治理的法律基础

联邦政府在个别情况下直接参与教育事务，印第安高等教育便是其中之一。联邦政府印第安学校管理署反映出政府与半自治的美国印第安原住民族部落及阿拉斯加原住民族之间的特殊关系，这种关系体现在法律和条约中。美国的宪法、条约、联邦法律及相关法院案例对于原住民族及印第安事务有独特的法令及政治体系。

一、联邦政府对印第安教育的三大基本法律原则

联邦政府对印第安人教育的三大基本法律原则，客观上有利于维护印第安人受教育的合理权利，从中我们也可以看出在印第安高等教育问题上联邦与印第安部落之间的治理关系。[①]三大原则如下：

① McCoy L M. Federal Indian Law and Policy Affecting American Indian and Alaska Native Education[EB/OL]. http://www.narf.org/wordpress/wp-content/uploads/2015/01/purple.pdf. 2016-04-12.

原则一：由联邦政府认可的美国印第安人和阿拉斯加土著部落是独立的主权政府，与州和联邦政府分开。

原则二：除国会另有规定外，联邦政府承认的印第安人和阿拉斯加土著部落主权通常延伸到联邦政府认可的地理区域，如印第安保留地、分配给印第安的土地、信任和限制印第安的土地（trust and restricted Indian lands），及其他印第安地区，其管辖范围包括该领土领域内的部落成员和非部落成员的行为。

原则三：联邦承认印第安人和阿拉斯加土著部落的主权是固有的存在，除非美国国会取缔。

从三大基本原则可以看出，美国政府对印第安实施“自治”政策，从性质上看，印第安保留地既不隶属于联邦，也不属于州，也非二者的分支机构，他们是具备政治主权的实体，他们自称“国家”。从原则上看，联邦政府承认印第安部落主权由来已久，且国会、最高法院从来遵循该原则。根据相关法律，印第安人在政治上拥有自决地位，但该自治权是“半主权”与“半独立”的，最高权力仍属于国会。国会的“任意权力”明显对印第安人的自治权构成了威胁，也遭到印第安人的频繁抵抗。[①]“尽管美国法律对国会的‘任意权力’采取了一些限制手段，实施‘正当法律程序条款’（Due Process Clause）和‘公正补偿条款’（Just Compensation Clauses）实施限制，但仅仅也是对印第安人权利被侵犯的一种事后补偿，它们并没有从根本上削弱国会对印第安事务的全面控制。”[②]

二、法源基础：《部落自主社区学院援助法案》

1975 年，参议院通过第一版的《部落自主社区学院法案》，这个法案的通过代表美国议会与历史的创举，该法案接续影响《部落自主社区学院援助法案》（*Tribally Controlled Community Colleges and Universities Assistance Act*），但这并

① 杨恕，曾向红. 美国印第安人保留地制度现状研究[J]. 美国研究，2007（3）：51-69.

不代表部落后续的教育问题得到根本性的解决。为进一步确保学生的成功、部落与社区的发展，经过多方面的努力和支持，1978 年，《部落自主社区学院援助法案》应运而生，这部法案有利于实现印第安人对高等教育学院的自主运营并资助其正常运转，为印第安高等教育治理提供了法源基础。

(一) 1978 年《部落自主社区学院援助法案》的制定

在印第安人争取“红色权力”（Red Power）的运动推动下，印第安政策开始走向自决之路。在此导向下，美国在印第安事务上逐步形成“托管者-受惠人”模式。不论是“父权主义”，还是“监护人-被监护者”和“托管者-受惠人”的关系模式，其背后的逻辑都意味着印第安人是没有能力享受完全主权的人群，他们的生存与发展必须依赖联邦政府的帮助和指导。

在美国印第安高等教育政策制定过程中，真正履行托管权的是美国内政部印第安人事务局。即使拥有教育自治权，因为各个部落大学在发展时期的运转资金因为印第安人事务局未能真正贯彻法案条例而不足，所以部落领导们仍需找寻新的援助。与此同时，国会已经开始承认部落大学具有的价值，积极为部落大学提供法律支持。1972 年，部落大学管理层和高等教育局官员在华盛顿就部落大学该如何使用 1965 年高等教育法案中款项进行了相关探讨，并成立了美国印第安人高等教育联盟，以负责分配资助金额给大学。1975 年，《印第安人自决与教育援助法案》（*Indian Self-Determiation and Education Assistance Act*）的颁布，成为成功的印第安政治活动的先例，明确了美国印第安人对于本民族教育的自主权，印第安部落有权参与联邦政府为印第安人实施的教育项目与计划的管理。同年，AIHEC 对学院的研究报告指出学院资金来源极不稳定并且这是个长期的问题。1976 年以来，南达科他州参议员阿布雷兹克（Abourzek）两次提案加速了 1978 年《部落自主社区学院援助法案》的进程。以下从立法重要纪事流程过程来掌握本阶段美国印第安人教育政策制订的动态发展脉络（表 6-1）。

表 6-1 《部落自主社区学院援助法案》立法重要纪事汇整表

时间	重要纪事
1972.10	美国印第安人高等教育联盟成立
1975.1	《印第安人自决与教育援助法案》颁布
1976.1	阿布雷兹克（Abourzek）提议《印第安高等教育援助法案》（*Indian Postsecondary Assistance Act*）
1977.1	阿布雷兹克提议第二项法案，要为印第安自主高等教育学院提供资金
1978.1	拟议法案《部落自主社区学院援助法案》诞生，国会议员迈克尔（Michael）和艾尔伯特（Albert）就部落大学没有得到足够的联邦资助说服委员会
1978.5	众议院小组委员会（House Subcommittee）就《部落自主社区学院援助法案》中高等教育问题进行了讨论
1978.6	《部落自主社区学院援助法案》的第二次听证会
1978.9	众议院同意《部落自主社区学院援助法案》通过，国会正式承认学院的存在价值
1978.10	美国总统卡特（Carter）签署《部落自主社区学院援助法案》

资料来源：作者自行整理

（二）1978 年《部落自主社区学院援助法案》的主要内容

《部落自主社区学院援助法案》的颁布是美国印第安教育政策不断变化的结果。就 1978 年《部落自主社区学院援助法案》而言，该法为美国建国以来第一部专门为印第安部落大学拨款而特别制定的教育法案。表 6-2 从印第安教育法的主要目的、组成部分、资格条件和其他重要考虑因素来对 1978 年《部落自主社区学院援助法案》进行解析。

表 6-2 1978 年《部落自主社区学院援助法案》的主要内容概览

主要目标	组成部分	资格与要求	其他重要考虑因素
为自主社区学院提供资金以确保印第安学生继续学习，拥有更多的教育机会；印第安人拥有建立及自主发展高等院校的权力	学院日常运作和教育活动的资金补助；提供技术援助；实施可行性研究；数据采集系统。落为部落大学主要设校地点；设立部落大学能为原住民增加就读主流高等教育的机会；印第安文化异于主流文化或其他非印第安文化；当教育更贴近当地传统与社区生活，学生更容易获得成功；原住民族高等教育招收对象主要是设校当地的原住民族学生；部落大学的经费来源主要为联邦政府，部落大学经费来源不包括地方税收，也不纳入州政府的财政预算中；规范部落大学的管辖权责属于内政部印第安人事务局所有	印第安人自主社区学院指的是：①由大部分是印第安人组成的董事会管理；②遵守既定目标、组织哲学和运营规划，满足印第安人需要；③如果运营了一年以上，学生大部分要为印第安人 全日制等效印第安学生（Full-time equivalent Indian student）包括：①注册登记的全日制印第安学生数量；②注册登记的在职印第安学生。 得到拨款的学院需将款额明细汇报给内政部	卫生署、教育部和福利署的教育部门都应协助印第安人事务局实施可行性研究 内政部长在决定一所部落院校的受资助学生数量时，要考虑到部落和文化差异及现有的教育资源和课程设置

资料来源：https：//www.gpo.gov/fdsys/pkg/STATUTE-92/pdf/STATUTE-92-Pg1325.pdf

1978 年《部落自主社区学院援助法案》是国家赋予部落高等学院的第一次真正意义上自治权的立法，其颁布保持了自身的身份认同及文化的独特性，并且让原住民族学生接受传统的本族文化教育，实现追求更高质量教育的愿望。1978 年《部落自主社区学院援助法案》主要包括了以下五方面内容：

1）专款专项。该法规定了印第安部落、自主社区学院、全日制印第安高校学生的概念界定，并且明确规定法案拨款的对象是为印第安学生服务的高等院校，禁止拨款给非部落大学。各个学院获取资助后每年需向内政部提供所有费用清单，款额要用在学生及教育项目上。

2）职责明确。内政部对于拨款需求将进行相关的评估，根据学院的设施要求及项目来分配金额，给学院提出反馈和修改并将报告交国会审核。该法规定："内政部将对自主社区学院的学术设施的需要进行细致的调查和研究，在不晚于 1979 年 9 月 1 日前向国会上交调查研究的结果报告，报告中要包括对学院管理者或者部落管理者提出申请的原因或观点，还要包含对学术设施数量、种类和开销提出精确建议，并根据重要程度进行排名。"

3）拨款金额进行适时调整。法案指出："如果在任意的财政年度上，拨款金额无法满足申请者的全部所需金额，则受资助者的份额将减少。万一额外的可用资金能够支付，则将增加减少的金额。如果拨款超过了申请所需的全部总额，则配额可相应增加。"

4）建立资助前景机制。该法案明确规定："内政部要与国家教育统计中心磋商，建立包含自主社区学院使用和维护的需求和成本准确信息的数据采集系统。"

5）特别颁布了《纳瓦霍社区学院援助法》（*Navajo Community College Assistance Act of 1978*）。国会经过深入研究考察后，了解到纳瓦霍部落是美国拥有最多印第安人的部落，纳瓦霍社区学院成立后为纳瓦霍部落和保留地人民提供了更优质的服务，满足了人民学习、生存的需求。国会将其教学条件及基础设施列入研究报告范围内，以期最大限度满足学院的发展。

（三）《部落自主社区学院援助法案》的执行困境与修订

在实施《部落自主社区学院援助法案》的过程中，面临着两大方面的困境。一是来自印第安人事务局，作为印第安人事务的代理人，它没有尽到应尽责任、按照法律条例办事，未能及时反映学院的经济需求。1979 年，国会在法令出台后下划资金，因为印第安人事务局没有提前建立规章制度以贯彻法案，导致资金在 1980 年才用到学院中。事务局为全日制学生申请的补助配额逐年减少，由初始的 4000 美元到 1981 年的 3100 美元，1982 年更少，这数额是远不够学生的开销的。二是教育部执行力度不强，拒绝将高等教育法案中的资助额拨给某些学校。1980 年，11 个部落大学和 AIHEC 收到总共 200 万美元的资助额，而 1981 年，只有 6 个部落大学收到资助金，AIHEC 没有收到任何补助。针对此种状况，美国政府也对《部落自主社区学院援助法案》执行过程的困境做出回应，《部落自主社区学院援助法案》实施后，印第安民族陆续依法成立部落大学，并根据政策法令申请资助。为延续对原住民族高等教育的关注与支持，克林顿总统、布什总统各于 1996、2002 年签署《部落自主社区学院援助法案》修正案，颁布第 13021 号与第 13270 号行政命令。法案旨在增进部落大学与联邦政府间的联系，且联邦政府必须尽力配合部落大学的需求，拟订每年度施政方针，同时支援办学经费。

部落大学对于印第安人民来说是其民族的希望，是保留地经济、社会和文化发展的动力，更是一个民族充满凝聚力的前提。部落掌握本民族的高等教育自治权意义非凡，避免印第安学生因为无法适应白人文化而迷失在主流社会价值观中，而导致学生自我认同感的丧失。1978 年《部落自主社区学院援助法案》是法律意义上认可部落大学价值，承认联邦政府对印第安高等教育要尽到应有责任的正式文件，它特别为部落大学提供运行资金来满足学院建设和学生学业的需要，一定程度上提供了长期稳定的资金源。法案对印第安自主社区学院及配额人数的界定、执行办法和相关管理职责都进行了详尽的规定，后续还通过各种修正法案来弥补该法的不足。受到资助的学院都能在以往的基础上有较大的提升，如全日制学生招生率提高，增加像商业管理、教师技能、成人继续教育等多类别的课程，学院学分增多，学生毕业后无论是就业率还是升学率都呈上升趋势，并且有教育部认证资格的学院也有较大增幅。《部落自主社区学院援助法案》被证明是能对部落大学、部落成员和保留地起重要作用的法案，不过仍然要清楚在实施过程中，存在相关负责的部门的官僚作风、职责缺失及同化思想残留而导致的拨款不足、滞后现象。只有每一次顺利得到拨款，学院的运转才能正常有序。印第安人事务局和管理预算部门并没有从根本上支持部落大学的发展，并且印第安人事务局无视土地和财力资源对教育的影响，让联邦政府对保留地社区的土地有托管权，所以部落缺少高等教育的课税基础。如果没有联邦政府的资金资助，部落高等院校难以生存。除此之外，印第安人事务局未能重视自主社区院校在人力和自然资源方面起到的实质性作用，虽然保留地上不乏有可被利用的自然资源，但由于缺乏有学识、技能的劳动者来管理，所以这些自然资源未能被有效转化为资金收入。人才是通过高等院校来培养的，但印第安人事务局依旧排斥有着高等教育背景的印第安人参与管理。部落自主社区学院政策只有贯彻到位，才能造福于印第安人民。

三、条约：印第安高等教育中的信任关系

由殖民时期开始，四百年来，印第安部落即与殖民政府和后来的联邦政府签订了许多条约，这些条约签订的过程与结果很大程度上构成了部落和联邦政府之间信任关系的基础。自革命战争以来，印第安部落的主权地位已屡次确定。1830 年，美国最高法院首席法官约翰·马歇尔（Supreme Court Chief Justice John Marshall）曾在他受理的“契洛奇国家对佐治亚”（Cherokee Nation V Georgia）和“握塞斯特对佐治亚”（Worcester V Georgia）两案中，判决印第安部落具有独立主权。这两个案子的判决，限制了一个主权国家——美国——在其境内，行使强迫部落遵从其法律的权力。不过，由于印第安部落并非外国政权，因此判决认为，是“国内的许多独立国家”必须接受联邦政府的保护，而不是由各州政府来保护。因此，根据条约，保留地印第安部落的资产、财务、

教育、文化、资源等，必须在最高法院判决下的信任关系下，获得保障。

直到 1871 年，美国政府与印第安部落签订了数百个政府对政府的基础条约。根据大多数条约，部落割让数百万英亩的土地给美国；作为交换，部落通常居住在特定的保留地。只有少数条约对部落主权有特定的文字规定，但据了解，条约通常保护部落在保留地的主权。此外，由于部落割让土地的代价，美国对保留地部落土地财产具有保护的责任。从有关教育条约的类型来看，通常涉及教育财政拨款、教育/培训、教师、教材（书籍）/原住民族语言、部落管理等几个方面。其中涉及教育财政拨款占比例最多，达到 14 条；其次是教育/培训相关的有 12 条；涉及学校相关的 6 条；教师、部落管理、书/语言分别为 4 条、3 条和 1 条[①]。

部落和联邦政府之间建立的关系在很大程度上是基于条约，以密歇根州为例（表 6-3），阿尼什纳比部落是美国联邦政府所认证的密歇根州域内唯一印第安人文化群体，包括齐佩瓦、渥太华、波塔瓦托米。从 1817—1876 年，阿尼什纳比部落和美国政府签订所有有关教育的条约共有 26 条，但目前有关密歇根州阿尼什纳比部落的教育条约共有 16 条。

从条约签订的类型可以看到，财政拨款是早期美国政府对印第安高等教育政策的一种最主要的导向与调控方向，而这种传统一直延续到了今天。而直到今天，联邦政府与印第安部落政府签订的条约仍是美国印第安学校管理、入学、资源获得等的主要法律来源。

上述印第安部落的独特地位，在美国史上，充分保障了印第安人教育的提供与资源的保障。不过，印第安人的主权和美国信任关系之间，是一个极其复杂而有争议的问题。有关印第安高等教育政策的争议，在一个国家主权内，印第安部落到底具有什么样的地位？要结束这种与美国政府的信任关系，需要什么道德和法律基础？这种信任关系是否一直延续下去？上述问题直到今天仍然没有得到解决。

① McCoy L M. Federal Indian Law and Policy Affecting American Indian and Alaska Native Education[EB/OL]. http://www. narf.org/wordpress/wp-content/uploads/2015/01/purple.pdf. 2016-04-12.

表 6-3　1817—1876 年密歇根阿尼什纳比部落与联邦政府的部分条约

条约序号	中文名称	英文名称	财政	教育/培训	学校	教师	书/语言	部落管理
条约 1	怀尔恩多特等条约，1817	Treaty with the Wyandot，Etc. 1817		√				
条约 2	渥太华等条约，1821	Treaty with the Ottawa，Etc. 1821	√	√	√	√		
条约 3	齐佩瓦条约，1826	Treaty with the Chippewa，1826	√					
条约 4	波塔瓦托米条约，1826	Treaty with the Potawatomi，1826	√	√				
条约 5	齐佩瓦等条约，1827	Treaty with the Chippewa，Etc. 1827	√	√				
条约 6	波塔瓦托米条约，1828	Treaty with the Potawatomi，1828	√	√				
条约 7	齐佩瓦等条约，1833	Treaty with the Chippewa，Etc. 1833	√	√			√	
条约 8	渥太华等条约，1836	Treaty with the Ottawa，Etc. 1836	√	√	√	√		
条约 9	齐佩瓦（底特律）条约，1837 年	Treaty with the Chippewa（Detroit），1837						
条约 10	齐佩瓦（圣彼得）条约，1837 年	Treaty with the Chippewa（St. Peters），1837	√		√			
条约 11	齐佩瓦条约，1842	Treaty 11 Treaty with the Chippewa，1842	√		√			
条约 12	波塔瓦托米条约，1846	Treaty with the Potawatomi Nation，1846						√
条约 14	齐佩瓦条约，1854 年	Treaty with the Chippewa，1854	√	√	√	√		
条约 16	渥太华和齐佩瓦条约，1855	Treaty with the Ottawa and Chippewa，1855	√	√		√		√
条约 17	萨吉诺的齐佩瓦等条约，1855	Treaty with the Chippewa of Saginaw，Etc. 1855	√	√				
条约 23	萨吉诺的齐佩瓦，天鹅河和黑河等条约，1864	Treaty with the Chippewa of Saginaw，Swan Creek，and Black River，1864	√	√	√			√

资料来源：http：//digital.library.okstate.edu/kappler/

由于在历史上，美国政党对这种信任关系的看法和立场具有意识形态的冲突，因此政党对美国印第安高等教育在信任关系中建立的保障条款也有不同的见解。到底哪个政党或哪个团体提出的教育方案应该被接受？该由谁来决定接受哪个方案？正如历史演示给我们的，在二十世纪三四十年代，这些问题的确都不是由美国印第安部落来解决，而是由别人来替他们解决。

综合上述，从印第安高等教育治理关系的法律基础可以看出，美国部落政府属于“半自治”“半主权”的政治实体，但部落政府的自治地位却并不稳固。①部落政府自治地位缺乏宪政保障，联邦宪法中对于部落政府的自治地位未有明确规定，有关部落政府拥有自治权力的法律规定仍然来自于州宪法或州立法法案，因而部落政府的自治权力是州赋予的，而不是固有的，这一事实并没有改变，使得部落政府的自治地位很不稳固。②国会对于印第安高等教育拥有“任意权力”。部落政府教育自治权的主张、国会的“任意权力”、州政府对于教育控制权的争取造成印第安高等教育治理的根本性冲突，也使得三者在一次次博弈当中达成新的平衡。

第四节　部落大学的治理结构

美国部落大学在历史发展过程中始终是具有高度自主办学权的高等教育机构。但是，它与当地自治政府（部落）、联邦政府的关系，形成了既相互独立又相互协作的治理结构。治理结构由外部治理机制与内部治理结构构成。从前述原住民族教育的政策与法案可以知道，原住民族高等教育的管辖权属于联邦政府，无论是政策与法案的颁订、预算案的审核还是高等教育体系的监督，都由联邦政府负责。另外，由于部落大学与部落政府都肩负维护原住民族传统文化的使命，联邦政府第 13021 号行政命令规定部落政府有办好保留地内高等教育事务的责任，因此，部落大学与部落政府具有关联性与合作理由。本部分主要探讨原住民族高等教育的外部治理机制与内部治理结构。

一、联邦政府的原住民族高等教育相关单位与职权

美国联邦政府有关原住民族高等教育相关单位如图 6-2 所示，主要事务由印第安人事务局、教育部部落大学事务科及其顾问委员会（董事会）负责。

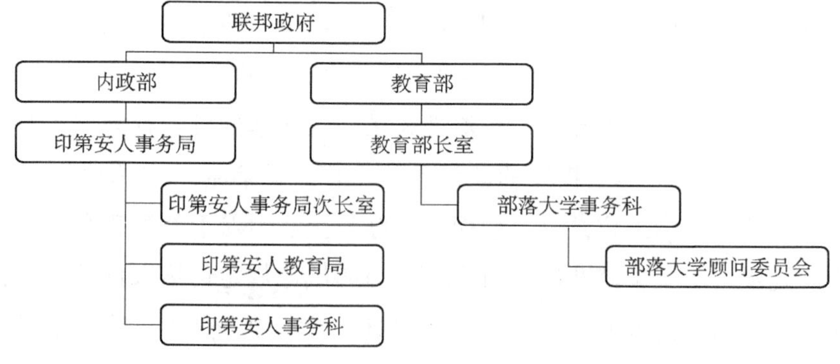

图 6-2　联邦政府的原住民族高等教育相关单位

美国原住民族教育事务由联邦事务局直接负责，前文已有所述。美国联邦内政部设置印第安人事务局专责处理美国印第安民族事务，为规划原住民族群教育计划最有力的单位，掌握的资源从联邦延伸到地方，因此合作单位层级广泛。另外，由于原住民族的教育事务管辖权归属于联邦政府，因此印第安人事务局的计划也得跨部落合作，而计划的管理由各个部落与印第安人事务局负责。印第安人事务局下设许多行政单位处理不同的行政业务，主要由三大组织构成，包含印第安人事务局次长室、印第安事务科、印第安教育局。

（1）印第安人事务局次长室（Assistant Secretary-Indian Affairs，简称 AS_IA）

主要负责财务、部落地位认可、国土安全、国会与法案游说、公共设施、环境与文化资源、急难救助、人力资本、经济与能源发展、业务评鉴、组织计划与表现管理、公共事务、行动计划整合及印第安自治等事务。

（2）印第安人事务科

负责印第安民族的土地资源、各项服务与保留地事务的第一线处理[①]，具体包括财政预算与管理、经济发展、教育事务、社区服务、部落政府咨询服务、人力资源、司法服务、印第安政策与事务指导、发展与修护公共建设等。

（3）印第安教育局（Bureau of Indian Education）

负责美国印第安教育政策与教育管理事务。2006 年 8 月 29 日原印第安教育计划科（The Office of Indian Education Programs）改名为印第安教育局，印第安教育局与其他印第安人事务局的下属单位地位相等，印第安教育局的负责人为局长，负责制定印第安教育政策，包括高等教育政策研究发展、印第安教育事务和监督、审核教育补助经费的支出。

基于宪法第 25 条印第安教育局的首要任务是提供原住民族终身都能享有平等且优质的教育，且原住民族教育须符合部落的需求、文化与经济福祉，符合原住民族多元文化的精神，并能跟随各个部落、部落政府的步伐发展。其次，印第安教育局应更深入考虑个体对于家庭、部落或村庄的认同。印第安教育局聘雇数以千计的教职员，其中有许多任职于部落学校中。

---

① 印第安人事务局业务执行单位包括印第安区域合并中心（The Indian Land Consolidation Center，简称 ILCC）、印第安服务中心（Office of Indian Services）、印第安司法服务中心（Office of Justice Services）、印第安保留地服务中心（Office of Trust Services），以及 12 个印第安人事务局区域办公室（Regional Offices）。

美国部落大学每年都接受印第安教育局的教育经费补助，而印第安教育局也创建了两所大专院校，在堪萨斯州的哈斯克尔印第安国民大学（Haskell Indian Nations University）与新墨西哥州的西南印第安技术学院（Southwestern Indian Polytechnic Institute，简称 SIPI）。而关于部落大学生的奖助，则需要学生通过奖助学金申请，印第安教育局审核申请资料后，根据学生的状况进行补助，帮助和支持学生完成学业。

印第安教育局原住民族高等教育政策的参考来源包括法律规章、印第安人事务局与联邦政府、其他国内外机构签订的合约或备忘录、内政部颁订的印第安事务指导原则（Indian Affairs Manual）。此外内政部颁订的印第安事务指导原则中的教育事务指导守则篇章，主要规定印第安高等教育行政单位与中小学校机构的人事聘任原则。印第安教育局提供原住民族就读高等教育机构者的奖助学金计划和其他相关单位提供美国原住民族高等教育机构奖助学金计划如表 6-4 所示。

表 6-4　美国原住民族高等教育机构奖助学金计划概况

奖助学金类型	提供单位	申请对象
印第安教育局高等教育奖助学金计划	印第安教育局	印第安籍学生参与印第安教育局举办的特殊计划或服务计划者、就读大专院校艺术系所的原住民族学生、通过印第安教育局官员审核的原住民族学生
Embry-Riddle 科学与科技学术奖助金计划	美国国家科学基金会	全体学生
印第安毕业生健康服务奖助学金计划、NCAI 实习生计划等	国会原住民族小组（The National Congress of American Indians Fellowship/Internships，简称 NCAI）	原住民族学生
大学生学士后研究经费补助计划	美国印第安毕业生中心（The American Indian Graduate Center，简称 AIGC）	美国印第安学生
天使基金	美国印第安部落学院基金会	部落大学学生
佛罗伦萨青年纪念奖学金（Florence Young Memorial Scholarship）、AAIA/Adolph Van Pelt 印第安奖学金专项基金（AAIA/Adolph Van Pelt Special Fund for Indian Scholarship）、Allogan Slagle 纪念奖学金、David Risling 紧急援助奖学金、流离失所的家庭主妇奖学金（Displaced Homemakers Scholarship）、伊丽莎白和谢尔曼・阿什纪念奖学金、Emilie Hesemeyer 纪念奖学金、Sequoyah 毕业生奖学金	美国印第安学术人员协会（The Association on American Indian Affairs）	美国印第安学生、部落大学学生、美国原住民族毕业生等

续表

奖助学金类型	提供单位	申请对象
Morris K Udall 奖助学金计划（The Morris K Udall Congressional Internship Program）	Udall 基金会	承诺服务于部落公共政策或支持部落社区有关的职业；致力于领导、公共服务、诚信和共识建设；适用于联邦机构或国会办事处的知识和技能等
白宫奖助学金计划（The Presidential Management Fellowship）	美国联邦政府	符合申请资格的大学中将获得或已经获得高级学位（两年内）的毕业生
各所部落大学的原住民族学生奖助学金计划	各所部落大学	各所部落大学的原住民族学生

资料来源：作者根据相关资料整理

根据《部落自主社区学院援助法案》第 13021 号行政命令，联邦政府设置教育部部落大学事务科，至 2001 年，联邦政府依据《联邦顾问委员会法》（*The Federal Advisory Committee Act*）第 13138 号行政命令创设教育部部落大学事务科。教育部部落大学事务科隶属于教育部长室之下，根据第 13270 号行政命令，事务科的政策方向与权责如下：

部落大学事务科拥有促进原住民族高等教育迈向卓越化发展的权限与义务，同时使更多的原住民族学生有机会就读部落大学，并带动后期中等教育和中小学教育质量的提升。此外，联邦政府应修正 2001 年《不让一个孩子落后法》，将部落大学纳入此法。其职责主要有：①协助董事会运作；②协助行政单位与部落大学的联系；③履行联邦教育部长的政策；④整合机构要求，呈报教育部；⑤提交原住民族高等教育发展相关计划与成效表现报告书。

为完成以上职责，部落大学需要完成三年期联邦计划书，包括部落大学年度发展指标、评鉴项目，同时提出整改计划。因为部落大学的特殊性，强调给经济不利的印第安学生就学机会，包括奖学金计划，提出传承和发扬部落语言、历史、文化传统的目标，并与原住民族其他教育层级进行合理连接。该计划书由各校递交教育部部落大学事务科—顾问委员会—教育部次长—教育部长—总统，该计划书经各层级单位评价与审核，据此提出未来三年的发展计划，总统拥有最后决策权。除此之外，各校还需提交年度报告书，其实质是三年计划书的细化，需部落大学顾问委员会进行检查与审核，根据年度报告书衡量各校发展指标，并在此基础上提出整改措施，设立未来发展目标，并对比三年计划书，以此作为经费拨款的重要参考依据。

联邦政府第 13021 号与第 13270 号行政命令指出，部落大学的管辖权属于联邦政府，因此联邦政府对原住民族保留地内的教育振兴负有责任。为达到此目标，设立“教育部部落大学事务科”的董事会，即“部落大学顾问委员会”（The President’ s Board of Advisors on Tribal Colleges and Universities），负责原住民族高等教育的行政命令落实，并根据各部落大学情况向总统提供相关政策与建议。

部落大学顾问委员会是 1992 年经由总统特许而设立的，该顾问委员会与其他类型组织的结构与运行比较相近，董事会主席为最高领导人，成员由 15 位董事构成（包括董事会主席），董事采取两年任期制，董事的职业构成通常包括部落大学代表、各层级教育行政人员、基金会代表、公司、企业领导或其他合适人选。顾问委员会通常每年至少组织一次年度会议，如有特殊事务，可召开相关特殊会议。该顾问委员会的功能主要有：提供原住民族高等教育政策的相关建议给总统、教育部或联邦相关原住民族高等教育的行政单位；审核部落大学年度报告书、三年组织发展计划书等各类文件材料，据此进行整改或经费拨款等事务。

二、部落政府的原住民族高等教育相关单位与职权

部落政府有权申请其所属部落设立高等教育机构，该机构即为部落教育体系的一环。部落大学将遵循部落的传统价值核心设计该校教育，配合保留地资源设计课程。由于部落政府的财政并不充裕，因此也无法给与部落大学经常性且稳定的资金补助。以部落大学就读的学生数而言，迪内学院为历年来就学人数最多者，故本书以迪内部落政府的教育主管机关为例，从中了解部落政府的原住民族高等教育行政机关的目标与职责所在。

纳瓦霍民族迪内教育局（Navajo Nation Department of Diné Education）由纳瓦霍部落政府立法决策，主要由纳瓦霍民族委员会（The Navajo Nation Council）

负责。1971 年，纳瓦霍民族委员会建立纳瓦霍教育部（Navajo Division of Education），1995 年更名为迪内教育局，也称（The Department of Diné Education），而纳瓦霍民族委员会中的纳瓦霍教育委员会，主要功能在监管、核定迪内教育局提出的教育法案。迪内教育局为纳瓦霍部落政府中的一个行政单位，负责促进与落实纳瓦霍教育法案的实行。2005 年，纳瓦霍民族委员会通过《教育主权法案》（*Sovereignty in Education Act*），根据法案成立纳瓦霍教育委员会（Navajo Nation Board of Education），由 8 名董事组成，董事会监督其管辖下的学校的运作，对纳瓦霍教育计划行使监管职能和职责。[①]董事会每季度开一次会议，讨论所管辖学校的各类事务并布置下一阶段的任务。

迪内教育局下设许多执行单位，主要有局长办公室（The Department of Diné Education Office of the Superintendent）、迪内问责制和合规办公室（The Office of Diné Accountability and Compliance）、标准、课程和评估发展办公室（The Office of Standards，Curriculum and Assessment Development）、纳瓦霍高级教育办公室、特殊教育和康复服务办公室（The Office of Special Education and Rehabilitation Services）、纳瓦霍民族奖学金和财务援助办公室（The Office of Navajo Nation Scholarship and Financial Assistance）、青年发展办公室（The Office of Youth Development）、纳瓦霍民族图书馆（The Navajo Nation Library）、迪内学校改进办公室（The Office of Diné School Improvement）等。

迪内教育局的愿景、使命与核心价值：纳瓦霍民族的教育愿景是提升和促进终身学习的力量；纳瓦霍民族的教育使命是促进纳瓦霍人民的终身学习，并保护纳瓦霍民族的文化完整性和主权；核心价值是卓越、领导、知识、诚实、创造、团队合作、沟通与成就。[②]

迪内教育局设定五项教育目标：①为纳瓦霍民族的教育发展建言；②借由教育提升纳瓦霍民族的领导力；③给予纳瓦霍民族的学校以最大支持并提供可供学习的典范；④确保迪内教育达到学术与经济的最大绩效；⑤达到高质量

① Board of Education. http：//www.navajo nationdode.org/board-of-education.aspx. 2017-02-02.

② Navajo Hation Department of Diné Education. http：//www.navajo nationdode.org/about-us.aspx. 2017-02-02.

的服务水平。

从迪内教育局 2017 年教育改革工作计划中可以发现，学术成功、学院与职业准备、财务责任、教学指导、制定迪内学校系统规划、招募学校校长和合格教师是 2017 年关注的热点事务。同时关注迪内教育局的组织变革，重申纳瓦霍民族半独立实体，重新界定迪内教育局的功能，保留地教育代理机构的功能，增强迪内教育局的权威，计划设立助理局长负责公共关系并完善其组织设置等。另外值得关注的是迪内教育局组织将进行变革，预备设立一个新的组织结构蓝图，见图 6-3。

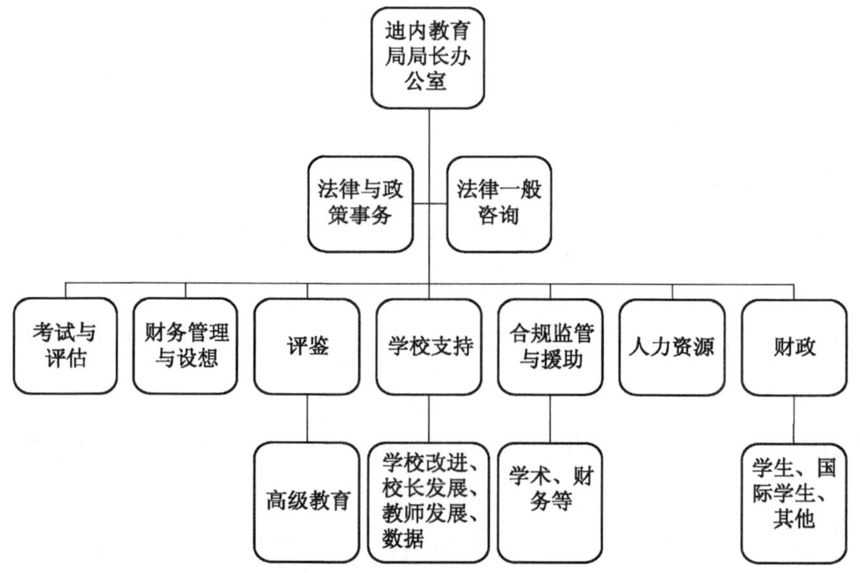

图 6-3　提议的 2017 年迪内教育局组织图

资料来源：The Department of Diné Education. The Diné Education Reform：Integrating the Diné School Accountability Plan into a Diné Consolidated School System Draft，2016（12）：17. http://www.navajo-nationdode. org.[2017-02-02]

从迪内教育局 2017 年的教育改革计划中可以发现，迪内教育局关注迪内教育局局长的能力与作用、纳瓦霍部落人们的学术成功等，如何整合纳瓦霍民族的教育体制与计划，形成完善的纳瓦霍教育体系。教育局致力于设计一套教育研究方案，整合所有的教育计划，促进纳瓦霍教育系统的全面发展，并增强迪内教育局的影响力，为配合完成整合迪内学校系统计划，同时设计一个新的组织结构蓝图，以上内容应该是他们未来几年的工作。

三、部落大学内部治理结构

依据《部落自主社区学院援助法案》，部落大学通过部落政府或部族联合申请后成立，成立后的管辖权责属于联邦政府的内政部印第安人事务局所有。基本上，部落大学为自主管理的高等教育机构，但因其具有维护原住民族文化的使命及责任，所有部落大学都有相对应的部落特许机构，即联邦政府特许的部落自主政府。简言之，部落大学采取自主管理，联邦与部落政府认为其具备自主管理能力，故将管理权直接赋予部落大学。

关于部落大学学校内部治理主要分为董事会（Board of Regents，BOR）与校长两个层级。董事会主要负责拟订学校未来发展目标与规划教育方案，校长对外代表学校，负责主张与行使权利，对内负责实行董事会规定的校务计划，协助校务顺利运行。为了管理学校，部落大学校长多为印第安籍，从专业背景来看大多数校长学历并不高，需提高教育背景知识与管理能力。

部落大学在促进原住民族教育发展中当有其独到之处。部落大学内部治理结构中也采用董事会管理模式，但董事会存在单一董事会与双重董事会模式。部落大学非常重视社区、学生及家长的需要，肩负解决社区重要问题的责任，为社区服务是其自身的理念。它内部设有咨询机构，鼓励成员积极参与管理。同时设有学生服务中心，满足学生需求。

部落大学都是由董事会（委员会）来管理，与其他主流高校董事会主要由校外人士组成一样，部落大学董事会成员由部落政府行政人员选出，他们几乎全部来自当地印第安社区。董事会充当着部落和学院之间的缓冲器，在政策制定者、职员选择委员会和当地部落大学监督者三方之间扮演着调停者的角色，董事会拥有学院特许的自治权。这些重要的职责使得部落大学董事会在印第安社区具有独特性，大多数美国印第安决策制定机构（包括部落管理委员会），在做重要决定前必须征询内部秘书处的认可，而部落大学董事会则不需要。但是，董事会成员深知他们的决策是怎样影响其社区与特许他们的部落政府之间的长期关系。[①]董事会成员制定部落大学的发展目标和教育政策。董事会成员通常包括学生代表，参与投票选举董事会的成员，在学校政策规定过程中表达出学生的心声。在部落大学当中，存在两种治理结构，一是单一董事会治理，迪内学院为典型代表；二是双重董事会治理结构，龟山社区学院是其典型代表。大多数部落大学采用单一董事会治理模式。

迪内学院通过部落章程建立了董事会，表 6-5 中列举了董事会的成员构成。从表中可以看出，董事会成员构成十分多元，肩负着解决社区重要问题的责任，其分类涵盖了纳瓦霍希普罗克社、纳瓦霍西方社、纳瓦霍中央社、纳瓦霍迪法恩斯堡社、纳瓦霍东方社、纳瓦霍学校成员、学生会主席代表，各成员来源呈不均匀分布，但其成员全部隶属于纳瓦霍印第安人部落，体现其为印第安保留地社区服务、部落大学治理部落化的理念。

表 6-5 迪内学院董事会成员构成

职务	性别	职业	单位名称
主席	男	不详	希普罗克社
副主席	女	不详	西方社
秘书	男	校长	纳瓦霍学校
财务	男	理财师	健康、教育和人力服务部
董事 1	男	代表	中央社
董事 2	女	代表	迪法恩斯堡社
董事 3	男	代表	东方社
董事 4	男	学生代表	学生董事代表

资料来源：迪内学院董事会官方网站. http：//www.dinecollege.edu/regents/board.php

龟山社区学院则是双层治理结构（一层为信任董事会，一层为管理董事会）的独特代表，它通过部落章程建立了两级治理结构（表 6-6，表 6-7）。部落委员会（the Tribal Council）任命 6 人为信任董事会（Board of Trustees），代表社区具体部门，包括企业、学校、卫生等。6 名信任董事会成员为终身职位，同时还有 4 位临时成员，2 位来自部落委员会、2 位来自学生评议会（Student

① Karen Gayton Swisher，John Tippeconnic. Next Steps：Research and Practic to Advance Indian Education[J]. Eric Clearing House on Rural. 1999（11）：264.

Senate)。信任董事会选择 5 名成员构成管理董事会（Board of Directors），负责制定龟山社区学院管理政策。信任董事会与管理董事会的成员能广泛代表社区且是部落的认证成员。

信任董事会与管理董事会共同协商任命校长负责学院的日常运作。校长负责遴选与任命行政理事会（Administrative Council）成员，为校长决策进行咨询（表 6-8）。

表 6-6 龟山社区学院管理董事会成员构成

职务	性别	职业	单位名称	部落
主席	男	公司经理	龟山社区学校	龟山齐佩瓦族
副主席	女	一年级教师	龟山社区小学	龟山齐佩瓦族
董事 1	女	校长	龟山社区学校	龟山齐佩瓦族
董事 2	女	职业指导者	龟山社区高中	龟山齐佩瓦族
董事 3	男	糖尿病协调员	齐佩瓦族龟山群	龟山齐佩瓦族

资料来源：龟山社区学院官方网站. http：//www.tm.edu/about_us/leadership/board_of_directors/

表 6-7 龟山社区学院信任董事会成员构成

职务	性别	职业	单位名称	部落
主席	男	退休设备经理	印第安事务署	龟山齐佩瓦族
副主席	女	校长	邓西斯走读学校	龟山齐佩瓦族
成员	男	开发总监（部落主席）	圣安印第安代表团	龟山齐佩瓦族
成员	男	部落委员会代表	部落委员会	龟山齐佩瓦族
成员	男	退休	奥吉布瓦学校	龟山齐佩瓦族
成员	男	部落委员会代表	部落委员会	龟山齐佩瓦族
成员	女	退休邮局局长		龟山齐佩瓦族
成员	男	退休	龟山社区学校	龟山齐佩瓦族
成员	女	主席	学生评议会	龟山齐佩瓦族
成员	女	学生评议会代表	学生评议会	扬克顿苏部落

表 6-8 龟山社区学院行政管理委员会

职务	学历	部落
校长	博士	齐佩瓦族龟山群
审计员	硕士	齐佩瓦族龟山群
职业指导	硕士	齐佩瓦族龟山群
心理指导	硕士	齐佩瓦族龟山群
人力资源	硕士	齐佩瓦族龟山群
信息与技术总监	硕士	齐佩瓦族龟山群
设备经理	副学士	齐佩瓦族龟山群
副校长	硕士	齐佩瓦族龟山群

续表

职务	学历	部落
ANISHINABE 董事	硕士	齐佩瓦族龟山群
财务资助董事	博士	齐佩瓦族龟山群
成人与继续教育主任	硕士	齐佩瓦族龟山群
职业教育主任	学士	齐佩瓦族龟山群

资料来源：龟山社区学院官方网站 http：//www.tm.edu/about_us/leadership/administrative_council/

部落大学治理无论是采用双层治理结构或是单层治理结构，都秉承了部落大学治理部落化的理念，其董事会成员都是所属部落与社区成员，也形成了一套行之有效的权力制衡体制和监督机制。治理结构采用双层制的部落大学由信任董事会监督管理董事会。在单层制模式下，管理机关内部成员做了区分：一部分是执行日常校务、从事内部经营管理的成员；另一部分是不执行校务、不参与内部经营管理的成员，称为外部董事（也称独立董事），专司监督之职。尽管形式不同，但二者实际上都发挥了相互监督与制衡的作用。美国部落大学的治理格局，大体上与社区学院类似，如：从政府获得直接的专款资助，受到政府政策的管理和干预；学校主要由董事会和校长共同管理；为学生提供通识教育、专业学科教育及职业教育；通过开设课程和开展活动来解决社会或社区的需求和问题，从而为社会或社区服务；等等。

由前文可知，原住民族教育为美国联邦政府管理权责，相关的行政单位包括内政部印第安人事务局与教育部部落大学事务科。内政部印第安人事务局的教育事务主要由印第安教育局处理，其行政业务包括机构的创设、资助、督导、联系、整合与提供学生奖助学金计划申请，且计划提升原住民族高等教育质量，推展原住民族社区教育、终身教育的概念。由于印第安教育局主要负责印第安高等教育事务管理，有权主导印第安高等教育政策与立法方向，更掌握联邦印第安高等教育补助经费的配置与审核，故印第安教育局的影响力牵涉部落大学的实际营运。

另一个与原住民族高等教育事务相关的联邦政府行政机关为教育部部落大学事务科，其重点任务为原住民族高等教育政策提供咨询，为部落大学与联邦政府保持联系，整合部落大学呈交的三年计划与年度成果报告书，为总统提供原住民族高等教育总体报告与建言。由此可知，教育部部落大学事务科主要参与规划原住民族高等教育的政策取向，对于部落大学来说，教育部部落大学事务科是属于政策层面的影响，其牵涉的程度较具深远性，需要长久的时间才能验证政策的优劣。

以联邦政府与部落大学的关系而言，因为部落大学的办学经费多来自联邦政府，约占各部落大学营运经费的八成，故部落大学需要对联邦政府负责，完成联邦政府提出的要求或符合其政策走向，彼此形成牵制的关系。

部落政府与原住民族高等教育相关单位为部落政府内的教育行政机关，以纳瓦霍部落政府为例，迪内教育局为其部族的教育行政主管机关，负责部族教育的整合与政策推导。部落政府与部落大学的关系是奠基于相同的文化基础上，从行政管理层面来看，部落政府在申请设立部落大学后，各部落大学即自负管理之责。而从教育经费的角度而言，因为部落政府多位处较为贫困的区域，能给予部落大学的资源有限。从部落政府的角度出发，部落政府还需要依靠部落大学协助原住民族保存传统文化、提升自决能力以维护民族主权，进而振兴原住民族的全体发展，期望彼此相依长存。

第五节　美国部落大学治理运行

研究美国部落大学，对其内部运行机制的分析是十分必要的。本章主要从动态的观点来分析美国部落大学共同治理运行的过程，这主要表现在美国部落大学共同治理制度是如何运行起来的，其具体运行过程和特点如何等问题上，美国部落大学共同治理运行的实质在于决策过程的不同。决策“应该被认为是一种方法而不是结果。它们是一种用来实现理想状态的组织机制。事实上，它们是对问题的组织反应”[①]。大学一经决策，就开始了目标实施过程，在实施过

① Warner D. Palfreyman D. Higher Education Management：The Key Element[D]. The Society for Research into Higher Education & Open University Press，1996：88.

程中，相关部门还需对目标的具体执行实行控制和监督，以保证执行的方向性和目标的现实性。另外，大学的这种决策和控制流程其实也是其内部权力和权威情况的现实反映，对此的论述也是相当必要的。

一、美国部落大学决策体制

决策是权力运行过程和结果的集中体现。大学与大学之间有关决策体制、程序的实现规定各不相同，即使在文字上的规定相同、相似，决策权力在不同主体之间分配也有较大差异。“当两所院校的正式结构看起来非常一致时，实际的决策过程可能非常不同。除了其他因素以外，这种差异产生于不同的个性、不同的传统、不同的文化价值观。特别是校长和他（她）的高级同僚能对决策过程产生关键性的影响。”[①]

对有关一所部落大学内部的决策过程进行分析，这个过程规定了行使权力的机构和个人，指明了操作的程序。一种内部的决策体制，个人或者由个人组成的团体（例如委员会）作出决策的权威最终来自于院校的这种管理体制和机制。这种机制将限定高校的权力和它的基本治理结构，包括主要的委员会和学校官员，但是合法性权力和权威对于学术人员来说并不是唯一重要的权力和权威类型。在美国部落大学共享决策机制下，决策行为分为学术行为、行政行为、战略规划、劳动关系等。不同的决策类型由不同的部门负责，遵守“首要责任首要权力”，教师与教师委员会控制学术事务。约翰·范德拉格夫在《学术权力——七国高等教育管理体制比较》中将体现学术权力的内容概括为“规划与决策、预算与财政、招生与入学机会、课程与考试、高级与初级教师的聘任、研究的决策模式”等“六大政策领域”。[②]表 6-9 是 2015 年 9 月迪内学院的董事会会议纪要，这是一个标准的决策源。根据这份董事会会议记录，我们可以把迪内学院的决策领域进行分类，见表 6-10。

① Warner，D. Palfreyman，D. Higher Education Management：The Key Element[D]. The Society for Research into Higher Education & Open University Press，1996：88.

② 约翰·范德拉格夫，等. 学术权力——七国高等教育管理体制比较[M]. 王承绪译. 杭州：浙江教育出版社，2001：7 .

表 6-9　迪内学院董事会主席办公室
2015 年 9 月 11 日会议纪要

<table>
<tr><td colspan="3">迪内学院董事会会议</td><td colspan="2">日期：2015 年 9 月 11 日</td></tr>
<tr><td>代表</td><td colspan="2">Laurence Gishey，Theresa Hatathlie，Anderson Hoskie，Dr. Tommy Lewis Jr.，Nelson S BeGaye，Johnson Dennison，Greg Bigman. 七位校董到场</td><td colspan="2">地点：
董事会会议室
房间：620-C
Tsaile，AZ</td></tr>
<tr><td>缺席</td><td colspan="2">Darrin Brown</td><td colspan="2">时间：9：00</td></tr>
<tr><td>列席</td><td colspan="2"></td><td colspan="2"></td></tr>
<tr><td colspan="3">议程</td><td>举措</td><td>负责者</td></tr>
<tr><td colspan="3">1. 电话通知会议安排
校董成员 Darrin Brown 确认两位即将离任的董事会成员：Fannie L. Atcitty 和 Loretta Draper。</td><td></td><td></td></tr>
<tr><td colspan="3">2. 董事会办公室宣誓</td><td></td><td></td></tr>
<tr><td colspan="3">3. 点名：
• Gishey 董事任命 Bigman 董事进行点名，读议程，决议为记录。
• Bigman 董事点名，并宣读议程为记录。</td><td></td><td></td></tr>
<tr><td colspan="3">4. 调用：交给 Dennison 董事</td><td></td><td></td></tr>
<tr><td colspan="3">5. 来宾和工作人员的介绍</td><td></td><td></td></tr>
<tr><td colspan="3">6. 批准议程
2015 年 9 月 11 日活动采纳和董事会会议批准由 Lewis 董事，Hoskie 董事负责，投票结果：赞成 6　反对 0　弃权 0</td><td></td><td></td></tr>
<tr><td colspan="3">7. 批准董事会的评议会议纪要
2015 年 8 月 17 日董事会会议记录由 Lewis 董事，Hoskie 董事负责，表决结果：赞成 6　反对 0　弃权 0</td><td></td><td></td></tr>
<tr><td colspan="3">8. 报告：
口头报告：
1）Maggie L. George 博士，纳瓦霍学院院长（卡梅伦・丹尼森发表口头报告）
略
2）Cheryl Thompson，财务副主席
略
3）Abraham Bitok，学生成功的临时副主席
略
4）Martin Ahumada 博士，教务处副处长
略
5）Leon Jackson，首席运营官
略</td><td>跟进董事会有关 ATUIE 的议案</td><td>George 博士</td></tr>
<tr><td colspan="3">书面报告：
1）Cameron K. Daines，制度进步副主席
略
2）Merte Dayzie，人力资源的临时主任
略
3）Martin Ahumada 博士，教务处副处长
略
4）Leon Jackson，首席运营官
BeGaye 董事提议，接受和批准整个口头和书面报告，由 Hoskie 董事同意。表决结果：赞成 6　反对 0　弃权 1</td><td>在教务处副处长报告的第 17 页提到的战略目标。海特利董事要求有具体的目标和时间表</td><td>Ahumada 博士</td></tr>
<tr><td colspan="3">9. 公告：
• Gishey 董事要求只能两位董事参与外州会议。当参与会议回来，Gishey 董事要求与会者提供关于会议所获和亮点的口头报告。</td><td></td><td></td></tr>
<tr><td colspan="3">10. 旧业务
在这个时期内没有旧的业务。</td><td></td><td></td></tr>
</table>

续表

迪内学院董事会会议		日期：2015 年 9 月 11 日
11. 新业务 1）议案“A”——授权和批准变更纳瓦霍学院南希普罗克校区数学科学楼（MSB）规划设计项目与 LAM 公司 董事 Bigman 宣读决议记录 提议：董事 Lewis，董事 Hoskie。表决结果：赞成 7　反对 0　弃权 0		
2）议案“B”——接受并（通过 2016 年 9 月 30 日 2015 年 10 月 1 日）授权纳瓦霍部落拨款的 2016 年支出 420 万美元，并将这些基金纳入高校 2016 财年普通基金的经营预算。 董事 Bigman 宣读决议记录 提议：董事 Lewis，董事 Hoskie。表决结果：赞成 7　反对 0　弃权 0		
3）议案“C”——批准纳瓦霍学院无限制普通基金运营预算 22 573 684 美元 董事 Bigman 宣读决议记录 提议：董事 BeGaye，董事 Lewis，董事 Hatathlie。表决结果：赞成 7，反对 0，弃权 0。		
4）议案“D” 接受和授权美国农业部拨款的 2016 财年的 783 124 美元（2015 年 10 月 1 日至 2016 年 9 月 30 日），以及将这些资金纳入学院的 2016 财年普通基金的经营预算。 董事 Bigman 宣读决议记录 提议：董事 Dennison，董事 Hoskie。表决结果：赞成 7　反对 0　弃权 0		
5）议案“E”——授权和批准学生及家庭住宅房屋项目，及对信息技术基础设施的安装（LAN 局域网）181 869 美元 董事 Bigman 宣读决议记录 提议：董事 BeGaye，董事 Lewis。表决结果：赞成 7　反对 0　弃权 0		
6）议案“F”——授权和批准 66 075.78 美元变更订单＃5 和订单＃6 学生家庭安居工程 董事 Bigman 宣读决议记录 提议：董事 BeGaye，董事 Lewis，董事 Hatathlie。表决结果：赞成 7　反对 0　弃权 0		
7）执行会议议案： 董事 Bigman 提议会议向公众开放。		
8）下次会议 董事会授权 25 000 美元特别会议和定期会议的费用。 董事会讨论的议题如下： 建议增加 420 万美元。 战略目标和董事会章程。 工作会议应该是开放给所有工作人员，以便建议和意见。发出会议通知管理员，工作人员和教师，使他们可以做好讨论的准备。 董事会议的下届常董事会将在 2015 年 10 月 9 日 07AM@ Tsaile A Z。一项工作会议将于上午 7 点至中午 12 点举行。董事会议的定期董事会将于下午 1 点至 3 点举行。	董事应该在什么应该在工作会议上的两天讨论发送电子邮件；截至 2015 年 9 月 14 日 一旦接收到来自董事的信息，指令将通过电子邮件发送给学院院长	所有董事 基奉董事
12. 休会		

资料来源：迪内学院董事会网址. http：//www.dinecollege.edu/regents/board.php. 2016-10-17.

表 6-10　迪内学院决策的分析表

决策类型	主要行为体	决策理性
学术行为	教务处	技术的、共识的、学术的
财务	董事会、财务处	技术的、共识的、行政的
日常运营	行政管理人员	政治的、技术的、行政的
战略规划	董事会	政治的、技术的、共识的
委派、晋升和终身聘任制	人力资源部	技术的、共识的、学术的
为大学预备领导	院长、行政管理人员以及专责小组	技术的、共识的、行政的

资料来源：作者根据相关资料整理

二、美国部落大学层面的信息决策与沟通流程

从迪内学院董事会的会议记录可以窥见，美国部落大学治理运行过程中内部的信息流通方向存在着多重决策源，几乎任何一级都可以成为一个决策源，针对不同的参照对象，其在信息流中的地位也不同，这既是因不同的参照层次造成的，也与各院系与大学一级的关系有关。按照大学的规定，大学内一切重要事务都应由相应的会议集体民主决策，会后的执行则由大学及院系相关的部门机构负责督办或指导。

具体而言，董事会可以说是部落大学的最高决策源，它定期召开会议。当然它会根据实际的情况设立各种委员会及时处理各种校内事务，布置各时段的工作任务，制订各部门的工作目标，总结和回顾工作成绩。在决策过程中，董事会主要起制订政策、发展导向与提供建议的作用。董事会每月都要召开一次会议，与会者包括部落大学校长、财务管理人、教务处、制度进步办公室、相关董事会等，这样一来，一般情况下会议的正常人数为 8 人左右。有时候会让校外人士参与。

具体而言，每季度的会议商议的内容和问题也各不相同，在没有特别事情需要协商的情况下，冬季年度会议的具体任务如下：

冬季年度会议是年度会议中最重要的会议，也是对当年各级大学运行情况进行的一次全面性组织反应。主要表现为在这次会议上，首先是对本年度的各项工作进行回顾。各部门的负责人都要向与会者汇报、总结当年本部门的工作

成绩和不足；大学负责人对本年度总的情况进行总结回顾，宣布教务组对问题的解决建议和方案，并由与会者当场表决。其次是确定下年度工作具体安排计划。如果当年度需要招募新教师或有见习教师需要转正，这些一般都会安排在年度会议上由专门人员负责。其他月份会根据具体情况讨论议题，有时候为一些特别议案增加一些工作会议与特别会议，并吸纳校外人士参与讨论。董事会更多关注资金招募、董事会成员变更、校名变更、学校建设费用等宏观政策导向及发展方向，具体决策由校长及各院系负责人、行政管理人员负责。

三、美国部落大学校长的两难境地

校长对外代表学校行使权力，对内负责执行董事会制订的校务计划。校长多来自印第安部落，与当地部落、社区、其他教育机构及联邦有关部门联系紧密。他要了解印第安民族文化、学习成功办学经验、接收各方相关信息、打通更多筹资渠道，为学校的发展创造条件。

校长在管理学校事务时面临着种种特殊的难题，包括学校固有资金和设施的短缺，（印第安裔和非印第安裔）教师的招聘与保留，与学生有关的财政、交通、儿童需求问题，教育准备不充分，还有由于环境和气候条件等人力难以控制的问题。此外，部落大学的校长还必须与社区建立联系，精通当地文化以确保学校所关注的焦点始终处于各项工作的中心。拜德伍德和蒂尔雷认为：“部落大学的校长是群体价值观和利益的帮助者和促进者，他们以优秀的品德代替独裁统治，通过展示能力和拥护组织基础价值观来发展权威。”①

四、美国部落大学的经费来源

部落大学主要座落于联邦政府划定的保留地内，学校财政主要也是来自联邦政府的补助，部落大学和联邦政府的特殊关系和经济支持，对部落大学的生

---

① Krumm B L. Tribal Colleges：A Study of Development，Mission，and Leadership[J]. Administrator Role，1995：15.

存产生持续性且重要的影响。通常联邦政府给予部落大学的资金补助多依学生入学人数而定。

(一)联邦政府的财政拨款

1978 年的《部落自主社区学院援助法案》成为联邦政府提供部落大学办学经费的法源之一，1968—1978 年间，联邦政府给予部落大学的经费约 4 亿美元。1978 年之后，依据《部落自主社区学院援助法案》给予部落大学约 8.5 亿元的经费，这些经费也由美国印第安高等教育协会统筹管理。

1981—2005 年间，政府核准补助印第安大学生的经费仅于 1985 年间调涨一次，调至 6000 美元，之后便维持该水平。再看这 25 年间，每位印第安学生可获得的经费补助款数目有逐年上升的趋势，但是就印第安学生所获得的经费与政府应该拨付的经费相比，每位印第安学生所应该获得的经费仍未达到政府拨款数额。而且若以 1981 年拨款的经费为基准，每位印第安学生所获得的经费实际上是缩减的，每生所获经费低于一开始所获得的数额。

有关美国部落大学比较重要的财政改革法案，是克林顿与小布什总统分别签署通过的第 13021 号、13270 号行政命令，允许联邦政府拨款数百万美元补助部落大学办学，同时提供相关资源与协助。另外，1999 年政府批准了一项部落大学援助计划，计划的专用款项用于改善保留地居民的食物营养。

部落大学还有机会从一些联邦政府单位获得特别的财政资助机会，例如：联邦教育部的高等教育局、国家科学基金、贸易部、美国太空总署、美国疾病管制中心和其他联邦机构。此外，倘若部落大学是因捐地法案而设立，也可以依循 1994 年通过的《美国农地法案》(*The U.S. Agricultural Legislation*)申请财政补助款，促进校内研究与扩展计划，或是依据乡村发展局（The Agency of Rural Development）的计划，申请公共建设的补助金或借贷经费。

(二)州政府或部落政府的教育计划补助

州政府对部落大学而言，并没有直接的权利义务关系，州政府给予的资金多用于学校基础设备的设置与添购、维持学术与职业教育计划，所提供的预算相当有限。以现状而言，州政府或部落政府如果有开放申请的补助计划，当地具资格申请经费的部落大学即可参与申请，例如州为成人教育所提供的经费补助计划、环境管理经费补助计划及其他项目。

联邦政府针对《部落自主社区学院援助法案》的每位学生补助经费，仅提供给印第安籍学生，部落大学无法靠学校其他收入补充非印第安学生的教育开销。因此从 1989 年原住民族高等教育专家与机构便提出非印第安学生的补助议题，但是许多州政府及立法者认为部落大学并非州政府所认可或是核准的办学单位，因此州政府与相关立法者一直回避该议题。为解决窘境，部落大学领导者只能寻求诉诸当地媒体与国会，希望引起关注，获得解决方案。

（三）学生学费

学生所缴纳的学费，也是学校财政的来源之一。1992 学年度部落大学收取的学费平均为 1913 美元，而美国其他高等教育学府学费平均为 3218 美元，1995 学年度分别为 1885 美元和 3567 美元，1999 学年度分别为 2433 美元和 3800 美元，2003 学年度分别为 2840 美元和 4652 美元。整体而言，部落大学学费比其他高等教育学府低。

印第安大学生可以寻求的学费补助类型有三种，政府或高等教育机构的经费补助、奖助学金补助、贷款。根据 2003 学年度印第安大学生接受学费补助的比例可知，有 28%的学生接受全额补助，比例最多，补助金额为 6413 美元，另有 24%的学生接受全额奖助学金，奖助学金金额为 3678 美元，有 13%的学生以全额贷款的方式缴纳学费，平均金额为 6011 美元。在公家经费补助中，联邦政府全额补助的比例与经费较高，每生为 5769 美元，高等教育机构与州政府的全额经费补助比例相同，但高等教育机构的补助经费为 2864 美元，高于州政府的 1750 美元。

（四）其他经费来源

其他经费来源主要两个：美国印第安学院基金会与印第安高等教育协会和部落大学与政府或其他大学的合作案。简述如下：

1）美国印第安学院基金会与印第安高等教育协会募款：1987 年，美国印第安学院基金会由部落大学与其他私人合作伙伴创办，并从一些私立机构、团体、私人捐赠募得数百万美元与其他资源，该基金会将视各校办学情形，适时给予资金补助，维持其办学质量。此外，印第安高等教育协会也向私人机构或企业筹募捐款，协助部落大学办学。

2）部落大学与官方、他校合作方案：包括部落大学和政府或其他大学的合作方案，包括科技、农业及文化方面，这些经费来源有限且每年的计划、经费数额不定。

一般来说，政府补助财源约占部落大学营运资金的 80%，换句话说，部落大学主要的资金援助以联邦政府为主。但从另一个方向思考，这也加深了部落大学对联邦政府的依存关系，部落大学的营运易受资助对象的控制，会降低部落大学的自主营运权。此为另一个隐忧。

第六节　美国部落大学治理特点

作为主要服务原住民族和部落社区的高等教育机构，部落大学区别于主流公立大学的治理特点主要体现在以下几个方面：

1）部落大学的办学初衷之一是为原住民族提供高等教育机会。结合印第安民族贫困的社会实情和基础薄弱的教育背景，部落大学基本不设置招生门槛，以副学士学位和职业培训为主要教育计划，传授专业基础知识，培养生存的本领和能力，为以后的升学和求职作准备。

2）部落文化是印第安高等教育的中心，是构成部落大学使命的基本要素。在白人营造的“解决印第安问题”政治氛围中，为保存原住民族文化，防止被主流价值观所同化，部落大学将复兴和传承民族文化作为学校使命，并将印第安文化和语言设置为学生的主修核心课程。印第安学生通过吸收部落文化知识，坚定信仰，加强民族认同感与使命感。因此，部落大学更乐于聘用印第安裔教职人员，以便更好地为学生服务和实现学院的使命。教师也以教学辅导为主，一般不会有从事科学研究的任务。

3）部落大学逐步加强与外部的联系。不仅通过课程来教授和体现文化，而且通过解释和重新定义文化，增强使命感，来应对现代化社会的需要。部落大学还与一些组织建立了合作关系，如内政部、农业部、住房与城市建设部、国家科学基金会、国家航空航天局。他们还与国内其他大学合作开展研究和教育项目，来关注气候变化、农业的可持续发展、水质、野生动物数量的变化和糖尿病预防等问题。[①]另外，部落大学的学生大多是家庭的第一代大学生，也是家庭的经济支柱，担负着多重角色，部落大学也努力采取相应措施来帮助他们顺利完成学业。这在主流公立大学是难得一见的。

如上所述，作为一种历史发展过程的产物，无论是对美国联邦政府还是对于印第安人而言，印第安高等教育治理关系的问题都是困扰已久的难题。对前者而言，让印第安高等教育自决代表联邦在教育上只能让印第安部落自行其事，只要这种自决状态延续，印第安高等教育治理问题作为美国独有的社会现实就难以改变。这种现实对于盎格鲁-撒克逊文化传统正统性的维护者而言无异于如鲠在喉。与此同时，“联邦政府当今在印第安高等教育事务上的巨大权力、尤其是国会所拥有的‘任意权力’，对保留地的存在、印第安人教育与文化传统和宗教信仰的延续和发展无疑是一种潜在的威胁”[②]。对于印第安人而言，联邦的这种权力极大地限制了保留地的教育自决与自治，也毫不怀疑有可能再度给他们带来灾难性后果。于是，联邦政府对印第安人教育自决的三心二意充分体现在各部门专门管辖教育事务的边界模糊。哪些教育事务属于联邦政府，哪些教育事务属于州政府，哪些教育事务属于部落政府，这些难题与争议及对这些争议解释的模棱两可让印第安人对联邦政府在教育问题及权力的疑虑重重，生动地反映了印第安人教育权力划分上的内在矛盾。

---

① American Indian Higher Education Consortium（AIHEC）：Annual report 2008—2009. http://www.aihec.org/about/documents/AnnualReport08-09.pdf. 2016-10-11.

② 杨恕，曾向红.美国印第安人保留地制度现状研究[J]. 美国研究，2007（3）：51-69.

在美国的印第安高等教育治理关系的发展演变过程中，尽管法律与政策取向经常变化和转向，但其中仍有某些不变甚至根深蒂固的东西。这些持久存在的东西既有美国白人对印第安人教育与文化的压制和同化，也有当局对印第安高等教育的不作为，有政府在教育程序上（条约、法律、法规与政策）上的努力，还有在财政经费的支持等。但除制度设计之外究竟用了多少力？从我们的文献与资料中，并未能察觉出来。印第安高等教育已经存在百余年之久，但在印第安高等教育治理问题上，仍存在许多解不开的难题与灰色地带。

第七章

美国部落大学评鉴

21 世纪以来，美国高等教育体系急速扩充，使得高等教育进入大众化甚至普及化的发展模式，但同时又面临因全球经济衰退导致的高等教育经费补助缩减。政府财政拮据及高等教育品质难以严格控管的情形，引发了政府和社会大众对于如何确保高等教育品质的关注与争议，部落大学同样属于重要一环。部落大学的发展和管理也受到美国高等教育认证机构的影响。认证制度是美国保障和提高高校或专业教育质量的重要手段。高等教育认证是一个以院校自我评估和同行评价为基础，以满足公众问责和提高学术质量为目的的过程。[①]当美国部落大学运动开始时，部落大学的领导认为与美国主流高等教育机构相比，部落大学存在着双重使命，一是服务印第安保留地社区，二是服务外部的世界，遵循西方的主流教育标准。但目前美国高等教育评鉴制度明显与主流教育机构的标准一致。因此，评鉴对于部落大学的要求引发了争议，美国传统的评估框架显然不能反映印第安民族价值或满足美国印第安社区的需求。本章针对美国部落大学评鉴制度进行检视与探讨，对美国部落大学评鉴的内涵、运作、挑战等部分进行论述。

---

① 李延成. 美国高等教育认证制度：一种高等教育管理与质量保障模式[J]. 高等教育研究，1998（6）：94-98.

第一节　美国部落大学评鉴的内涵

通过探讨美国部落大学评鉴的内涵，可以知道部落大学为何需要评鉴。美国部落大学评鉴是改善、审核部落大学的教学、研究及管理等方面的品质的一种手段。本节将通过理论探讨，分别说明部落大学评鉴的意义、目的、内容及需求。

一、美国部落大学评鉴的意义

高等教育是推动国家可持续发展与提升国家竞争力的关键因素，高等教育发展和整个社会经济发展息息相关，全世界的国家都将高等教育的发展当作国家竞争力的主要竞技场，高等教育的教学、研究、服务品质评鉴也日益受到国家与大众的重视。关于高等教育评鉴的意义，较为典型的是王保进于 1997 年所提出的观点。他认为高等教育评鉴应是一个优良的审核模式，能有效评估受评学校在教育品质上的优劣过程，或指陈校务经营上的缺失，以作为校务改善的依据。他同时将这些评鉴资料转化成有用的资讯，提供相关利害人的参考，在此基础上建立了美国高等教育评鉴体系的架构。①

从评鉴体系的架构来看，政府可以通过经费补助机制如预算分配、补助款的监督与审核来介入高等教育机构的运作；企业界则以研究计划的委托和产学合作与高等教育机构间有契约关系，并以针对高等教育机构研究品质的评鉴结果来决定是否继续赞助；捐款人则是基于校友或是高等教育机构本身的声望给予捐款，进而对高等教育机构进行内隐的满意度评鉴；学生则是以缴交学费的方式对高等教育机构进行外显的满意度评鉴。因此一个良好的评鉴模式若要顺利运作以达成既定的评鉴目的，则必须在五个角色之间取得平衡，唯有让其拥有相同机会参与高等教育评鉴活动，保持彼此间的良好关系，评鉴才能发挥最

① 王保进. 大学评鉴之内涵分析[M]. 参见：陈汉强. 大学评鉴. 台北：五南图书出版有限公司，1997：161-217.

大的功能（图 7-1）。

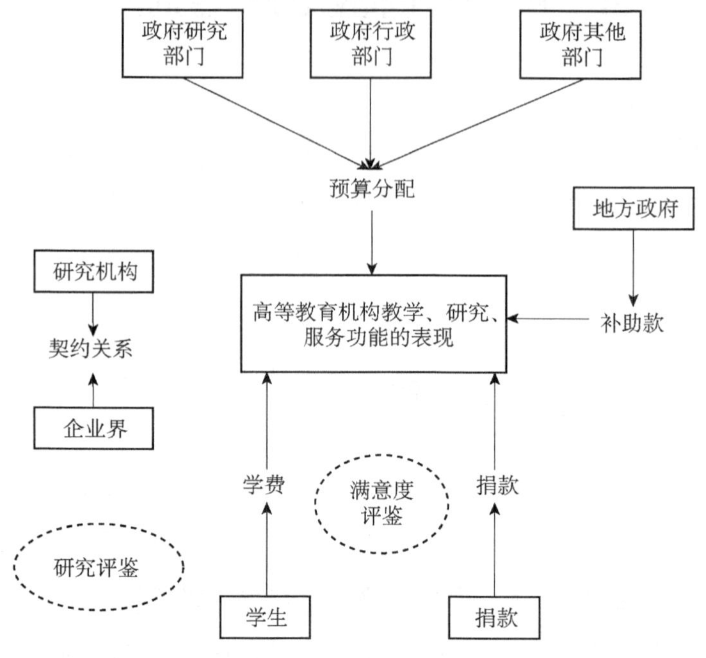

图 7-1　美国高等教育评鉴体系架构

综合而言，高等教育评鉴主要是通过高等教育机构内外部相关成员参与、包括多元的评鉴指标。对于部落大学而言，通过认证机构的鉴定和认可，除了有利于部落大学办学宗旨的实现、有利于教学质量的保证外，还有一些其他积极的影响。例如：便于部落大学独立地对学校内部事务进行管理和改善；通过认证的学院间学分可以互换，便于学生转学申读更高级的学位；一些私立基金会通常将认证作为判断一所学校或学术项目质量是否可靠的标准，从而考虑是否给予资助。因此，部落大学通过认证可以获取更多新的资金来源。

二、美国部落大学评鉴的目的

美国部落大学评鉴是一种管理手段，其主要目的在于改进与提升美国部落大学的教学、研究及服务方面的品质。作为美国高等教育体系的一部分，部落大学采取的评鉴模式跟美国高等教育普通模式同样包括至少五个要素：完整的评鉴目的、明确的评鉴内容、精确的评鉴方式、具体的评鉴方式及评鉴结果处理与应用。评鉴目的为评鉴工作中最重要的工作，目的不同，所使用的评鉴方法及所选择的评鉴内容势必不同，若目的错误，将会造成资源浪费。

高等教育评鉴目的大致可归纳为两种导向：其一为“改进与发展导向”（improvement & development-oriented），其二为“绩效责任导向（accountability-oriented）”。

1）改进与发展导向。美国评鉴学者 Scriven 曾说：“评鉴目的不在证明什么，而在求改进。”Frederiks 等认为改进导向主要是重视高等教育体系自我管制的精神，旨在改进教学、研究及管理等方面的品质，其理论基础在于高等教育机构对解释及了解其组织目标、设备使用效率、更新课程与教学方法及对减少学生辍学率等，应自行负责。

2）绩效责任导向。意指针对高等教育机构的教学、研究、行政管理等方面的品质加以评量、报告与控制，此导向的评鉴通常由外部团体或受委托的团体来进行；而其理论基础则在于评鉴团体应向社会大众显示高等教育机构所做事务的价值。

关于这两种导向该如何使用，学者们也提出不同的看法。Dill 主张改进与发展导向和绩效责任导向不能并用，认为两种评鉴导向将会彼此冲突，若高等教育机构符合绩效责任的需求，便会妨碍改进导向评鉴的功能。[①]有学者即主张改进与发展导向与绩效责任导向可相互结合，改进与发展导向的评鉴能使高等教育机构的公共功能彰显。[②]事实上，评鉴结果势必与奖惩制度相连系，部落大学属于美国高等教育机构的一种，在其评鉴的目的上更多倾向于改进与发展导向，而获得认证是部落大学存在与获取资助的基本前提。

---

① Dill D D. Through Deming's Eyes：A Cross-National Analysis of Quality Assurance Policies in Higher Education[J]. Quality in Higher Education，1995（2），95-111.

② Vlasceanu L，Grünberg L，Dan P. Quality Assurance and Accreditation：A Glossary of Basic Terms and Definitions. Becthhr Bry. http://www.vestnik.vsu.ru/pdf/educ/2005/01/lazar.pdf.2005（100）：2.

三、美国部落大学评鉴的内容

评鉴应该是种合作关系。评鉴者经由实地访视、议题答辩和文件数据等全面信息搜集和了解的过程，产生共识并决定评分和评论。受评者则于过程中说明符合标准的证据，再从评鉴结果自我检视，发展有效的改进计划，两者是种合作、自发的伙伴关系。多年来，美国部落大学的业务评鉴机制使部落大学的业务推动更优质化，同时也促进各部落大学之间的经验交流及观摩学习。

美国部落大学按照其所属的划分区域选择认证机构来寻求认证。虽然不同的区域认证机构针对不同的被认证院校有着不同的标准，但共有的标准有：学校使命和效益，学生的教育项目、计划、资源及服务，办学人力、物质、技术和财政资源，学校的管理与行政等。而考虑到部落大学自身的独特性，对它们的认证内容重点放在了以下五个方面：①部落大学的宗旨，包括提供满足个性化的职业教育、保存部落语言和文化、为没有教育经历的居民提供成功的教育、为社区居民提供终身学习的机会；②部落大学的办学规模，师生人数、教学设施及资源；③部落大学的管理和组织结构，董事会、校长、教师代表会和学生代表会等；④部落大学的办校财政和其他支持；⑤部落大学的地理位置和环境。[①]

但学界认为目前美国有关部落大学业务评鉴的内容与指标过于侧重教育绩效方面，而未考虑部落大学的理念与特色。Merdanian 主张美国部落大学评鉴的内容与指标应考虑美国印第安文化与价值，“部落大学与主流大学合作已经提出（评鉴）文化相关方法的需要。(印第安教育）今天事实上是一个包括了美国印第安民族现状的模型、方法和技术的综合体系，从各种来源收集主流美国印第安人的情况，通常它有一个潜在目标便是文化的同化，”[②]并提出了原住民族价值模式，见图 7-2。

---

① Appelson W B，Mcleod M. Accreditation Factors Unique to Tribal Colleges[J]. *Accreditation*，1993：7.

② Merdanian V. Challenges of Tribal College Accreditation：Woiwanyanke Wounspe-A focus on Oglala Lakota College[D]. Dissertation of University of South Dakota. 2015：127.

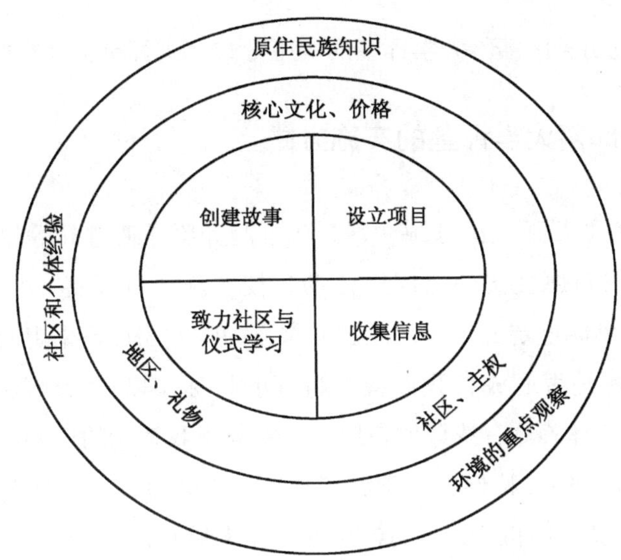

图 7-2　原住民族价值模式

资料来源：Merdanian V.Challenges of tribal college accreditation：Woiwanyanke Wounspe - A focus on Oglala Lakota College.Dissertation of University of South Dakota.2015：127.

原住民族价值模式为理解美国原住民族世界提供了基础，并在原住民族部落的传统、他们创作的故事、宗族起源和他们的祖先的遭遇中找到。还包括通过从多个角度仔细观察获得的经验知识，并通过梦想、愿景和仪式获得知识。

美国部落大学通过开设有关部落的历史、语言和文化的相关课程，为满足学生专业知识学习的需求做准备（如教育），从而主张自己的主权。Merdanian 指出，除了拥有原住民族自己的教育模式，部落大学还需要开发自己的研究模型。因此，部落大学努力使用多种评估方法对学生和组织绩效进行持续、全面的评估。[①]

第二节　美国部落大学评鉴的运作

前一节主要是说明了美国部落大学评鉴的内涵，本节将从理论层面进入实

① Merdanian V. Challenges of Tribal College Accreditation：Woiwanyanke Wounspe-A focus on Oglala Lakota College[D]. Dissertation of University of South Dakota. 2015：127.

务领域，依序说明美国部落大学评鉴的实施方式、执行单位及实施现状。

一、美国部落大学评鉴的实施方式

在美国高校主要采取认可制评鉴。认可制评鉴是通过高等教育机构或专业性协会组织组成自愿性民间组织，协助各校实施认可评鉴，从而改进教育品质。Kells 将认可制度定义为，“通过非官方的学术团体，采用同行评量，以检视被认可的校院是否达成自我评鉴中自订的目标，以符合评鉴标准的自愿过程”[①]。因此认定评鉴具有浓厚的自愿、自主与自我管制的色彩，可以说是美国部落大学评鉴制度的独特性。对于美国部落大学认可评鉴的现况，依据认可制度的分类、执行认可的机构及认可制度的运作来说明。

（一）美国高校认可制度的分类

对于美国高校的认可制度依对象可分为两种类型：一为机构认可，一为专业认可。

1. 机构认可（institutional accreditation）

机构认可由区域性（regional）及全国性（national）的认可团体负责，通常以整体高等教育机构的校务为认可对象。认可评鉴范围包括：办学宗旨与目标、管理与组织、教师素养、教学措施、与学生有关的服务、图书馆、设备与学校财务等。

受评对象为学校整体，评鉴重点为学校的教育目标、师资与其他资源的投入、教学历程及教学成果，强调的是机构的效能。评鉴的主要目的是以绩效责任为导向，关注高等教育机构的教学、研究、服务品质的提升，并期望能够达到一定水准。

2. 专业认可（specialized accreditation）

专业认可是由特定专业或学科组织所进行的认可活动，认可对象通常是高等教育机构的某一专门学科、学系或学院，对学程师资、课程、教学及教材进

① Kells H R. Building A National Evaluation System for Higher Education：Lessons from Diverse Settings[J]. Higher Education in Europe，1995（1-2），18-26.

行认可评鉴。大多数专业认可学会所认可的学程，通常必须是已经获得区域性认可学校认可的高等教育机构所属的学科，而专业认可也可能会认可单一学科的专业校院，也可能是非学术机构，如医院。专业认可强调的是受评机构的自我管制精神，以达成确保教育与训练品质的目的。然而，由于专业领域不同，标准也不一，每一个专业领域评鉴团体都有一套对于该专业领域的评鉴标准。

专业认可的对象是以某一专业领域、学院、系所或学科为主，强调其专业领域中的教学品质，大多引用专业学术标准来评估该专业领域符合的程度，评鉴的主要目的是以品质改进为导向。

专业认可因为评鉴范围较小，故较容易实施，通常采用专业领域同行评鉴的方式来进行，对于评鉴标准、受评对象能有较为深入的了解，同时也可搭配不同的评鉴机制，因此美国高校采取实施专业领域评鉴。然而，其缺点在于专业评鉴的参与成员的同质性机构较多，因而比较容易产生学术主观性，实施时需要加以注意。关于机构认可与专业认可的比较，如表 7-1 所示。

表 7-1　机构认可与专业认可的比较表

	机构认可	专业认可
受评对象	整体学校教育机构	某一专业领域、学院、系所、学门或学程
评鉴重点	机构的效能	某一专业领域的教学品质
优点	对学校的整体办学绩效提供全面性的了解	较易实施
缺点	1. 无法获得专业领域单位的回馈 2. 无法对课程、个别系所提出	1. 较无法对学校整体效能提供全面性了解 2. 参与成员同质性高，易流于学术主观
代表	美国认可制的机构认可	美国认可制的专门领域认可

资料来源：廖于萱.美国高等教育认可制度之研究[D].台北市立教育大学硕士论文，2007：40.

（二）美国部落大学执行认可的机构

评鉴单位又称为评鉴团体，主要负责规划与推动高等教育评鉴工作的单位或机构，依据不同的分类方式，目前美国大学执行认可的机构总共有三类，包括区域性认可机构、全国性认可机构、专门及专业认可机构。分别说明如下：

1. 区域性认可学会（regional accreditors）

因为美国幅员广大，高等教育机构多达数千所，因而便以区域来划分，组成区域性认可学会。美国区域性认可学会共有六大认可协会，包括：新英格兰院校协会（New England Association of Schools and Colleges）、中区各州院校协会（Middle States Association of Colleges and Schools）、中北区院校协会（North Central Association of Colleges and Schools）、南区院校协会（Southern Association of Colleges and Schools）、西北区院校协会（Northwest Commission on Colleges and Universities）、西区院校协会（Western Association of Schools and Colleges）。其宗旨与目的如表 7-2 所示。六大区域性协会认可对象包括公立或私立、非营利或营利、两年制或四年制的校院机构。协会负责对校院功能进行综合性检视，同时扮演评鉴者与认可者角色，主要业务涵盖政策发展、期刊发行、执行训练计划、资助或从事相关研究工作，并保证教育品质和保护社会大众拥有了解的权利。

表 7-2　美国六大区域性认可协会的认可宗旨与目的

认可机构名称	宗旨与目的
新英格兰院校协会	确保机构或学成之质量，协助质量改善
中区各州院校协会	教育质量卓越，质量改善
中北区院校协会	确保高阶学习之质量，强化高等教育之质量与统整，降低外部控制，确保社会信任
南区院校协会	提升教育质量，持续质量改善，确保机构目标达成之效能
西北区院校协会	确保质量卓越，鼓励质量改善，机构教育目标符合利害关系人需求，提供设立机构之咨商服务
西区院校协会	与效能之卓越，质量改善，建立最佳实务，确保建立决策与校务发展之指标

资料来源：廖于萱. 美国高等教育认可制度之研究[D]. 台北市立教育大学硕士论文，2007：64.

2. 全国性认可学会（national accreditors）

全美共有 11 个全国性认可学会，认可对象通常为单一特定目的设立分支机构，例如有私人专门机构、宗教大学院校等公私立、非营利或营利机构。主要确认学校的合法性与课程训练的适切性，针对机构本身进行评鉴而非个别教育学科评鉴。另外，高等教育认可审议会（Council for Higher Education Accreditation，CHEA）将其区分为专评宗教机构（Faith-Related Accrediting Organizations）、专评私立营利职校（Career-Related Accrediting Organizations）两类。

3. 专业认可学会（specialized and professional accreditors）

专业认可学会是以特定学科或学院为认可对象，针对校内特定学院、系所、学科或专业进行评鉴与认可，包含高等教育中各学位层次。目前共有 66 个学会，各专业组织所覆盖的学科范围大小不一。分布在医药卫生、工程、人文、社会科学、农业等领域，如工程和技术认证委员会（Accreditation Board for Engineering and Technology Inc.，ABET）、国际商管学院促进协会（The Association to Advance Collegiate Schools of Business，AACSB International）、美国心理学协会（American Psychological Association，APA）等。专业评鉴也有所限制，规模较小的国家可能没有足够的专业领域专家，可以对所有领域进行有效的外部同行评鉴，且在高等教育大众化的形势下，专业领域快速成长。然而在新的跨领域学科的快速发展下，外部同行专家十分有限，专业认可评鉴将会难以实行。

同主流高校一样，部落大学的发展和管理也受到美国高等教育认证机构的影响。认证制度是美国保障和提高高校或专业教育质量的重要手段。高等教育认证是一个以院校自我评估和同行评价为基础，以满足公众问责和提高学术质量为目的的过程。[①]综合而言，目前美国部落大学根据地区的不同，会接受不同评鉴单位的评鉴，2006 年美国 35 所部落大学中有 32 所获得认可，3 所没有获得认可（表 7-3）。

表 7-3　美国部落大学与认证

认证机构	部落大学
美国高等教育委员会（The Higher Learning Commission）	Bay Mills，Cankdeska Cikana College，College of Menominee Nation，Dine，Fond du Lac，Fort Berthold，Haskell Indian Nations University，Institute of American Indian Arts，Lac Courte Oreilles Ojibwa，Leech Lake，Little Priest，Oglala Lakota College，Saginaw Chippewa，Sitting Bull，Tohono O'odham，Turtle Mountain，and WhiteEarth
美国西北高校委员会（Northwest Commission on Colleges and Universities）	Chief Dull Knife，Fort Peck，Ilisagvik，Northwest Indian College，SalishKootenai，and Stone Child
美国西北学校和学院协会（Northwest Association of Schools and Colleges）	Blackfeet，Fort Belknap，and Little Big Horn
美国中北部院校协会（North Central Association of Colleges and Schools）	Navajo Technical College，Nebraska Indian Community College，Sinte Gleska，Sisseton Wahpeton，Southwestern Indian Polytechnic Institute，and United Tribes Technical College
非认证（Non-accredited）	College of Muscogee Nation，Comanche Nation，and Keweenaw Bay Ojibwa

资料来源：Honena V. American Indian Tribal Colleges: Mission Statements，Degrees and Certificates，and American Indian Courses[D]. Dissertations of Idaho State University，2011：50.

① 李延成. 美国高等教育认证制度：一种高等教育管理与质量保障模式[J]. 高等教育研究，1998（6）：94-98.

（三）美国部落大学评鉴的程序

自认可制评鉴实行百余年以来，认可程序也越来越完整。相较于其他类型高校，部落大学资格认证和认可是一个漫长的过程。首先需要所在部落申请成立部落大学，经过部落相关委员会讨论、提交部落政府审核，进而确立系列方案，再向相关部门申请认可部落大学资格。所有认可机关的认可过程的主要包括：

1）确定申请认可部落校院的联络人（通常为院长或其他资深人士）。

2）机构或学科申请认可前，先进行自我评鉴，并提出报告。

3）确定实地访视日期，于实地访视前一年，认可协会再次确认访视日期、认可目的及访视范围。

4）访视前数月，访视小组成员名单送至申请认可的部落大学或学科，并请其表示意见，认可协会提供访视小组成员差旅费和住宿费，无其他酬劳。

5）根据认可协会提供的手册和准则，申请认可的部落大学或学程缴交“自我评鉴报告书”初稿给认可协会，由其提供意见和建议。

6）在实地访视前 2—3 个月，申请认可校院必须将自评报告书、机构资料、教师/学生手册、课程大纲等送至认可协会。

7）访视小组前往申请认可的部落大学或学科，核对自我评鉴报告书及其他资料的真实性，确认该机构或学院的设置目标、师资、课程、设备等，并进行访谈。

8）访视小组提出访视报告，申请认可的部落大学或学科对于访视报告提出正式回应。

9）认可委员会将以自我评鉴报告、访视报告及机构或学科的回应意见决定是否认可（包括认可、未认可、有条件认可）。

10）申请认可的部落大学或学科必须持续进行定期的评鉴。

美国部落大学认可制评鉴可归纳出五项特征：

1）自评：申请认可的部落大学机构和学科必须准备一份依据认可机构标准的书面绩效报告。

2）同行评鉴：认可评鉴是由专业同行执行。这些同行在高等教育机构或学程完成自评后担任访视委员，以便对机构和学程进行评鉴。

3）实地访视：通常会派出一组访视委员，以便评鉴申请认可的部落大学或学程，并以自评报告为实地访视的基础；除了上述访视委员外，也包含公众成员（对部落大学感兴趣的非学术人员），所有委员为自愿性质，通常没有固定薪资。

4）认可机构的行动：认可机构的委员会由机构和学科的行政人员、教师及社会大众组成，这些委员会对新设机构和学程进行认定的再确认，以及对不通过的机构和学程的认定。

5）持续的外部评鉴。

二、联邦政府、州政府、AIHEC 认可制评鉴

认可制评鉴原是由高等教育机构向认可学会提出认可申请，也即大学院校是否愿意接受认可学会的评鉴，由大学自行决定。第二次世界大战后，联邦政府大规模介入高等教育经费提供，1952 年《退伍军人再适应法案》（*Veterans Readjustment Act*）授权联邦政府拨款给招收退伍军人的高等教育机构，并由各高等教育机构直接交给学生本人。联邦政府为此建立了一套高等教育机构的品质控管系统，通过认可评鉴制度进行筛选。联邦政府要求接受经费补助的高等教育机构须符合两项条件：该机构须有所在州的授权或核准，该机构须为国家许可的认可机构认可。此外，1965 年联邦政府通过《高等教育法》，提出大规模联邦政府学生贷款计划（federal government student loan program）的规范机制，欲申请学生贷款的高等教育机构必须通过认可。联邦、州政府、AIHEC 认可制评鉴三方开始相互影响，原是对《退伍军人法案》的补助，使联邦政府大力协助学生接受高等教育，提出相关补助方案，因此联邦编列高等教育机构的合格名单的过程就变得日益重要。

然而，构成联邦、州与认可制评鉴三方联结的合法条款为 1992 年《高等教育法案》的修订条款，其中增添：州政府的角色与责任的明定、认可机构的许可、合格与检定程序、方案审查与资讯、规章审查。这就使得联邦政府、州政府及认可制评鉴成为高等教育机构的品质控管的责任三方。然而，认可制评

鉴与联邦政府之间的联结也导致其“自愿性”受到限制，将联邦经费补助与认可制评鉴相互结合，使得部分学者认为认可制评鉴将成为准政府（quasi-governmental）机制的性质。部落大学虽然具有半自治特点，但为获取认可资格及联邦政府、州政府的财政支持，及对教育质量的追求，部落大学也积极参与高等教育评鉴当中。

美国原住民族高等教育联盟（AIHEC）成立于 1972 年，迄今已经有 40 余年的历史，是美国最大的非政府少数民族教育联盟机构。从成立初期的 6 所部落大学发展到如今的规模——包含美加两国境内的 32 所部落大学。AIHEC 在美国和国际教育界都得到了普遍承认，在课程的互相认证、提高民族大学的教育品质和推进民族中小学师资培养方面做出了长期而杰出的努力，对民族文化的维系和传承也起到了不可低估的作用。由 AIHEC 设计并推广的独立原住民族教育与互认体系也得到了普遍承认。AIHEC2010 年度提出的原住民族教育评价报告显示，美国原住民族高等教育联盟的体系建设主要包括以下两个大的目标：①提高部落大学的竞争力，为美国原住民族提供基于共同价值观的资源共享体系；②从民族文化传承的角度来重新评价师生的科研与教学表现。

原住民族教育评价体系有一套独立的评价指标，这套指标与“帮助美国印第安学生迈向成功的计划”专题是基本重合的，包括学生入学率、毕业率与持续就学率指标、经费来源指标、学校硬件资源指标、学生的核心课程完成指标、学生活动指标、教职员工发展与科研产出指标等。

在 AIHEC 的原住民族教育评价体系中，对学生就业能力的推动也是一个重要的指标。在此背景之下，AIHEC 和美国印第安科学工程协会（American Indian Science and Engineering Society）合作，在得到美国国家科学发展基金（National Science Foundation）和美国国家太空总署（National Aeronautics and Space Administration）资金支持的情况下，推出了大学生夏季研究计划和 E-science 计划。在前一个计划中，部落大学的师生得以进入美国国家太空总署的研究站学习，科研能力有了很大的进步。而在 E-science 计划中，来自印第安纳大学、圣地亚哥运算机构等顶级科研机构的专家加入了对原住民族学生的能力辅导中，并为他们量身定做未来的学习和就业计划书，学生的学习能力、科研能力和就业能力都大大提升。这与 AIHEC 秉持的“教育转变生活”的理念是相符的，为学生未来的经济能力和社会地位的向上流动增加了可能性。

三、美国部落大学评鉴结果的处理及运用

部落大学评鉴结果通常是以报告书的形式呈现。报告书的运用与评鉴目的具有密切关系，不仅会影响各大学院校的发展与相关权益，也将影响评鉴功能的发挥，更影响社会大众对于部落大学的观感，因此需要审慎以对。

报告书的品质反映了评鉴单位的公信力，一般而言，报告书可分为公开与不公开两种方式。高等教育评鉴结果的处理方式与评鉴目的有着密切关系，如果评鉴目的只是在于改进高等教育机构的内在品质，而自我品质的改进是高等教育本身的责任，因此评鉴结果报告书就不一定对外公布。但是若评鉴目的在于高等教育机构的绩效责任及外显品质保证，则评鉴结果的公开将会非常重要。目前各个发达国家的高等教育评鉴结果报告书的处理方式，基于市场逻辑及资讯公开透明化的原则，都采用将评鉴结果对社会大众公开的方式，不仅可以让高等教育的消费者（如学生、家长）了解部落大学的品质，也可通过结果报告书的公布对部落大学形成一股压力，让部落大学努力改善其办学品质。

由于评鉴结果的运用将会影响部落大学的权益与发展，因此需要妥善处理。评鉴结果的运用也与评鉴目的有密切的关系，若运用于改善部落大学的办学品质，评鉴结果报告书仅作为部落大学自我改进研究、教学品质与办学绩效的参考，行政机构与相关单位就不宜将评鉴结果有其他运用；若是评鉴目的在于考核部落大学外显品质诉求，评鉴结果报告书可以提供给政府的相关单位作为相关决策的依据。相关决策包括承认或认可资格的授予或撤销、经费分配或经费补助、增设或调整系所、增加学生注册人数及学校申请专案贷款或补助的审核等。上述决策中最常见的就是根据评鉴的结果决定经费补助的多寡，此种将评鉴结果视为经费补助唯一依据的作法，会令部落大学的

自主性受到伤害。

综上所述，无论采用何种方式处理部落大学评鉴报告，如何运用评鉴结果，应先思考部落大学评鉴工作的目的，并了解各种处理与运用的优缺点，将缺失减到最低程度。另外，评鉴结果报告的处理与运用过程中，也应尽量符合多元参与及民主化原则，让部落大学有机会发表意见与申诉，使评鉴过程更加透明而公正。

四、美国部落大学评鉴的重要变化

美国部落大学评鉴制度的发展逐步变得成熟而健全，认可结果不只提供给部落大学作为品质提升与改进的依据，还提供给社会大众与高等教育消费者作为判断部落大学品质、入学选择及私人捐助的重要参考。但随着政治、经济与社会变迁，今日美国部落大学认可制也面临许多变化与挑战，其中包含：

1. 高等教育多元化所带来的挑战

由于全球化、高等教育大众化及信息科技高度进步等因素影响，美国高等教育机构的发展也越来越多元化，新兴的远程教学型部落大学也成为需要接受认可评鉴的对象，因此美国评鉴制度的运作、评鉴准则及与政府的关系产生了变化与挑战。

2. 政府的涉入逐渐增强

美国评鉴制度中联邦政府、州政府、部落政府、AIHEC 与部落大学之间的关系也产生了变化。过去二十几年来，部分州政府逐渐开始增加其监督职能，例如，通过使用表现指标使公共机构达成其所预期结果的绩效责任、将部落大学的表现结果与预算结合等。

联邦政府的涉入也逐渐增强，尤其当全国高等教育政策中心（National Center for Public Policy on Higher Education）提出《2000 年美国各州高等教育评鉴》（*Measuring Up 2000*）及《2004 年的商学全国教育论坛》（*Business National Education Forum*）两份报告对于高等教育品质、学费的可负担性，及毕业生进入职场的适切性提出质疑，成为美国联邦教育部开始检讨高等教育品质与认可评鉴过程的基础。2008 年 8 月 14 日美国联邦政府颁布新修订的《高等教育机会法案》（*Higher Education Opportunity Act*，HEOA），就 1965 年发布的《高等教育法》进行修订与扩增。于八大方面进行重要变革，包括学生成就、学分转换、向大众提供资讯、正当程序：审核与申诉、远距教育、机构宗旨的角色、联邦政府咨询委员会成员的任命与组成及监控成长。虽然仍维持联邦政府对评鉴制度的监督架构，但也加深联邦政府对于高等教育的控制。部落大学虽有不同于主流高校的评估体系，但部落院校学生想要获得联邦政府、州政府的资助，则需要申请同样的认可程序。

第三节　美国部落大学评鉴面临的挑战

美国自 20 世纪 70 年代启动大学评鉴以来，评鉴工作一直颇受联邦政府和有关当局的重视，近年来美国很多有志于原住民族高等教育的学者对于部落大学教育改革发出呼声，部落大学评鉴工作更受到各界重视，教育行政主管机关也更积极加强办理大学评鉴规划的改进工作。

一、评鉴的目标及意义不明确易落入例行性工作而显得僵化

评鉴制度的实施让美国部落大学有一个遵循的依据。但相对的，如果只是例行性工作或者是刻板印象的复制，也许实施一段时间后，这一政策没有适时修正或让更多利害关系人参与，将会流于形式。美国部落大学非常成功地满足了保留地高等教育的需要，但还是得依赖外部承认其合法性，才能获得资金和人力。评鉴的目的是获得主流更多的认可，进而获得美国政府的财政经费资助。而其鉴定标准则与主流机构相一致，外部认证机构也往往缺乏“美国印第安”的概念，过多地注重机构整体评鉴、学业成就等一些绩效概念，导致评鉴的目标和意义不太明确，而逐渐成为一种例行性工作。

二、评鉴项目与指标内容缺乏适切性

美国部落大学评鉴机制所反映出的绩效内涵，绝大部分是以主流高等教育机构观点为出发设计的。现行评鉴内容依主流高等教育机构作为规划的方向，并未考虑及反映美国部落大学本身的组织使命目标的达成度，几乎是依据政策愿景设定了一个框架，要求美国部落大学循这个方向去执行所制定的制度。加上太注重学生学业成就及办学绩效，反而忽略了部落发挥自我特色的成果表现。

因美国部落大学创设初衷即以部落作为学习及实践的基础，并提供学习通道让部落人民体认自己与部落、社会之间的关系，因此，部落大学所应发挥的教育功能，便是以部落为出发点、落实部落社区参与、建立部落居民与社区间之链接网络。

三、评鉴指标与内容无法凸显部落大学的特色

从美国部落大学目前的各项指标评鉴的确定及配分上来看，十分平均，且针对评鉴指标的修正意见，也都力求评鉴范围的完整性，过于注重部落大学的经营管理及办学绩效，不太重视部落大学与部落的互动与经营，这样会使各部落大学产生同化趋向，不能凸显各个部落大学的特色。就评鉴机制标准来看，这种统一式的评鉴指标缺乏弹性空间，无法提升部落意识。如在原住民族的议题讨论中，“部落文化”早已是真实存在的方式。长久以来，主流政策很少从差异的角度去思考不同族群民众的不同偏好与需求，而是以单一标准来对待与服务各个族裔。在美国多元文化的施政架构下，政策制定者被要求应该开始反省这些单一标准是“谁的标准、偏好”。

大多数民众认为部落大学的课程设计及评鉴指标的设计比较完善，但反映原住民族部落的需求与部落大学设置的宗旨、保留地部落发展问题及保存族群与部落的文化与语言等都没有全面落实。

四、评鉴指标细项过多，流于形式

现行评鉴指标、绩效指标的制定忽略了部落大学发展自我特色的成果，有关传统评鉴制度运作方式都是着重在财政经费上的申请、学生的学业成果及强调校务经营方面等，原住民族特色很少被考虑，甚至被忽略。学者们呼吁未来部落大学评鉴应该考虑保留地区域特色、民族特色、人口结构，在尊重与鼓励部落大学部落化的发展方向的前提下，评鉴的评量方式与具体指标应该贴近部落特色，考虑原住民族文化因素，更为适切地评估部落大学办学的优劣。

第八章

对我国民族院校发展的思考

本书的目的之一是研究结果能对我国民族院校的发展提出一些启发，对少数民族文化的保存、传承与发展有所帮助。笔者就研究结果及个人心得就政策上的支持、民族院校联络网络、民族院校的应对等提出一些思考。自 1968 年纳瓦霍社区学院成立以来，美国部落大学已走过 50 年的历程，在联邦政府、部落政府和学校的运作下，也有了一些成果。希望能对我国民族地区高等教育与民族院校未来的运作有所帮助。

第一节　政策的支持

就政策支持的角度而言，本节从明确的立法支持、充足的经费支持、民族院校的合理定位及民族院校的评估机制来进行解析。

一、明确的立法支持

从美国部落大学运动的历史来看，明确的立法支持是美国原住民族高等教育实践的保障，例如陆续通过的《纳瓦霍社区学院法案》《印第安教育法》《印第安自决与教育辅助法》《部落管理社区学院法案》等。除了确认原住民族高等教育自决的方向外，还提供了经费预算的法源基础。此外，克林顿及小布什政府也在任内明确宣示与部落大学的伙伴关系，支持高等教育的相关立法在国会中通过。

我国非常重视少数民族高等教育，在法律建设上也取得了可喜的成就，但仍然存在着不足。如对少数民族高等教育的定位并不明确，特色不明显，民族高等教育缺乏相应的法律体系支持，国家应当出台民族高等教育基本法，推动民族高等教育健康、稳定、和谐发展，促进民族院校发展。

二、充足的经费支持

由教育部、国家民委、财政部等相关机构统一编列相关经费，辅助支持或补助各民族院校发展研究，如民族院校章程、使命，有关发展少数民族文化价值内涵的研究、课程的开发研究、发展与开发事务、民族院校治理研究、评估内容与指标体系的研究。通过教育部和国家民委等政府机构的支持，可以促进我国发展更民主、更公平的多元文化社会，通过多元文化教育提供正确、完整的规范知识，促进学生学术成就及批判思考能力的增进。

三、民族院校的合理定位

美国高等教育的发展以民族自决为前提，立法的思考以部落自主为基础，但政策制定和执行始终有不小的落差。早期美国政府往往因为执行的困难而对原住民族的高等教育需要持消极的态度，一直到二十世纪六七十年代人权运动兴起后，美国政府对原住民族自决的定义采取较开放的态度，不再过度干涉原住民族的高等教育事务。原住民族的自决不仅仅是一种自然权利的实践，也是民族发展无可推卸的责任。

高等教育是促成社会流动的重要动力，是少数民族自主性提升的重要通道，政府非常重视我国少数民族对高等教育的需求。美国原住民族高等教育的经验告诉我们，美国部落大学的设立无论在政治、经济、文化及教育上都实质改善了原住民族的困境，虽然距离目标还有很长远的路，但自治的方向和基础是明确的。

我国是多民族国家，多元一体是基本格局。民族地区高校与民族院校属于高等教育体系的一部分，也是培育少数民族地区人才的重要教育场所，但我国民族院校存在定位不明、特色不是很明显等问题。国家非常重视少数民族高等教育人才发展，推行了少数民族学生高考加分政策，但目前国内对少数民族学生采取加分或降低录取标准的措施褒贬不一，主张的人认为这是提高少数民族教育水平的重要管道，反对的人批评这种福利、补贴式的措施只会让少数民族更弱势。我国目前也实行少数民族高层次人才骨干计划、设立民族院校等系列措施，但缺乏一套完善的少数民族高等教育规划，也阻碍了少数民族高等教育整体的发展。

四、民族院校的评估机制

美国部落大学的评估机制经验显示，这一套机制对美国部落大学的发展具有政策引导的影响力，所以这一套制度的设计有许多优势可供我国民族院校及少数民族高等教育学习模仿。各校非常关注民族院校评估制度未来发展方向及政府应该扮演的角色问题，这些对于高校的发展的确有非常大的促进作用。根据美国部落大学评鉴的焦点来看，目前的评鉴制度缺乏对部落院校特色的考虑，缺乏对原住民族文化与价值的考虑。我国民族院校肩负服务于民族地区经济发展与民族工作的双重服务的特殊使命，但目前评估内容和指标同样存在未凸显特殊性评估的问题。应该说，政府角色定位是民族高校发展工作成败的关键因素之一，政府有必要思考未来的政策方向，以保障民族院校朝着可持续发展迈进。

因此，中央及相关主管机关除考虑评估的用意外，应考虑如何通过评估让我国民族院校经营有突破性的发展。例如，寻找年度典范的民族院校，然后设计一些课程让其他民族院校互相参观学习；或者可以借用能力好的民族院校，发挥它的绩效与经验来协助推动政府政策制定或其他民族院校的发展；也可以由民族院校发展专属自己的特色项目及自定绩效目标，然后由政府去考评计划目标的达成度等。

第二节　民族院校联络网络

前已述及，美国原住民族高等教育联盟在部落大学运动中扮演极重要的角色，联盟的功能包含研究、联络、经费筹措等，使各部落大学能够专注于校务的发展和原住民族文化的传承。部落大学间的联系及合作能够促成大学的正常发展，毕竟，原住民族长久以来就非常重视经验的传承。各民族高校对合作的形式和内容有相当大的歧见。通过联盟的形式成立专责的民族大学网络联系机构，来维持民族院校与民族地区高校的正常发展，大学联盟的形式可以让师资及资源共享，对于我国偏远的民族地区及少数民族学生而言，相当于是一个实践教育公平的机会。同时，配合我国政府对于民族院校的评鉴提出建议与咨询，共同研究关于民族院校特殊使命下的评鉴内容与指标等。

第三节　民族院校的应对

就民族院校层面而言，该节从新时代我国民族院校的使命、民族地区高校师资的质与量有计划提升、民族地区人才有计划性的培育、创建多元文化和谐共生的课程模式、加强与社区的联系等方面进行讨论。

一、新时代民族院校的使命

民族院校是我国高等院校的重要组成部分，兼有教育工作和民族工作的双重属性。我国民族院校为促进少数民族地区经济社会发展、促进各民族共同繁荣做出了突出的贡献。从美国部落大学的发展与营运来看，自第一所部落大学建立以来，他们就非常关注使命宣言，并随着时代的演进而有所变化，经历了简单到复杂的过程，通常传承部落文化、服务保留地社区、培养保留地人才、设立组织目标、关注部落价值是其使命的主要要素。

尽管我国民族院校的性质与美国部落大学有所差异，但后者有许多经验值得借鉴。查阅我国民族院校与民族地区高校相关资料，有民族院校使命这一概念。根据我国学者钟海青教授的观点，我国民族院校的历史使命概括为“两个服务”：为少数民族和民族地区经济社会发展服务，为民族工作服务。[①]据此，我们可以发现关于我国民族院校使命的主要关注点在其服务社会的功能。在新的时代下，民族院校将会迎来什么样的挑战，民族院校将如何应对，其使命如何伴随时代变化并逐步丰富，都是要着重考虑的问题。我国是一个多民族国家，民族院校也是在这一时代下应运而生的特殊产物，除上述所提及的服务职能之外，应丰富民族院校定位、培养人才、课程建设、科学研究和多元文化教育的使命功能。

二、民族地区高校师资的质与量应有计划提升

学校营运的第一要件是要有师资，建议我国民族地区高校与民族院校在师资的质与量上都要有计划性、阶段性的培育。

在质的方面，有以下几点建议：①定期办理教师进修课程，课程内容应尽量务实，以座谈或工作坊的形式，提高教师在上课中的参与度，并提供教师教学经验分享及交流。在规划成人教育、成人学习方面的实务性课程，也可以采用座谈的方式来进行，以帮助教师省思目前的教学状况；②任课教师要有筛选的机制并且要落实，以确保师资及课程的品质，让教师在良性竞争中提升自我。

① 钟海青.民族院校的使命.人民网，2013-7-10. http：//theory.people.com.cn/n/2013/0710/c40531-22147110.html [2017-02-03].

在量的方面，建议提高民族地区高校教师待遇，并提供教师学习与培训的机会，吸引更多优秀的人才到民族地区服务。

三、有计划性的培育民族地区人才

我国民族地区目前人才仍然十分短缺，因此培育人才与干部是非常急迫的事。民族院校要担负起这一重要使命，可从两方面来着手：

①让民族院校优秀的学生来作为志愿者或助教的角色，以解决人力不足的问题、师资问题，进而培养民族地区人才；②少数民族人才培训：每年少数民族干部的培训，以较实务的课程讲授及讨论的方式，来提升干部的参与度，定期办理，提升学员素质，为民族地区训练出种子人才，有利于民族地区长期可持续的发展。

四、创建多元文化和谐共生的课程模式

教育是实现文化再生产的重要手段，教育问题归根到底是文化问题的体现。美国印第安人的教育问题实质上反映的是少数民族文化与社会主流文化的碰撞与融合问题。民族文化的多元性形成了不同民族院校的发展特色，民族文化的传承离不开民族文化教育的发展，民族高等教育在其中扮演着重要的角色。我国民族高等教育本质上是一种跨文化的教育，兼具民族文化的特色性和多元文化的一体性的特点，把培养高素质的民族人才与推动民族地区经济发展、实现文化传承，促进民族地区社会全面发展作为教育目的。随着教育国际化趋势的加强和多元文化思潮的盛行，民族院校课程发展不能固守传统，需要与时俱进。如何在适应知识经济社会的发展中实现民族文化的传承是民族院校面临的共同挑战。教育是文化传播的重要手段，在多民族国家教育的文化功能对于维护社会的和谐稳定更为重要，民族文化教育关乎少数民族地区和整个社会的稳定，如果教育公平得不到有效的保障，就无法实现民族文化传承和社会主流文化传播的平衡，就可能引发一定的社会问题。美国部落大学和我国的民

族高等院校同属于民族类高校，都是为民族而办的教育机构，都面临着多元文化给民族文化教育带来的挑战，如何把“特色化”和“现代化”有机结合起来，是两国民族院校发展都不可回避的难题。而且两者都采取了相应的措施来完善课程设置，以此应对多元文化和知识经济带来的挑战，成效显著，但是存在的问题也具有一定的相似性。

“文化共生既非文化趋同，亦非文化异变，而是每一种文化选择、吸收另一种文化的有益成分而成为自身文化的构成性要素。”[①]多元文化和谐共生凸显的是不同文化之间的尊重包容，侧重于不同文化之间的互惠联结关系，不同文化都拥有自己的文化存在权和生态环境，彼此是一种平等交流、互惠发展的关系。文化和谐共存理念下的民族文化教育的发展，注重各民族教育资源的公平享有，教育过程中各种民族文化和谐与共，体现民族之间文化关系的融洽性，民族传统和现代文明的融合性。而把这种多元文化和谐共存理念融入民族文化教育当中最直接的方式是创建多元文化和谐共生的课程模式，通过课程教学培养学生对异质文化的尊重包容意识，提升学生对多元文化社会的适应能力。

民族院校课程理念是课程发展的价值取向，这关乎民族教育的目标定位；课程内容是课程改革的重点，是实现多元文化和谐共存的主要载体；课程实施是实现课程目标的关键；课程评价是教学效果的直接反馈，为下一步的改进提供了参考。这四个要素在课程发展中各司其职，共同实现课程体系的完善。因此，本节主要从这四个要素来具体说明多元文化和谐共生的课程模式的特点。

（一）“尊重个性，包容差异”的课程理念

多元文化和谐共生强调尊重文化的差异性，在本质上也是对人的个性的尊重。因此，多元文化和谐共生的课程理念的核心是“尊重个性，包容差异”。①多元文化和谐共生必须处理好三对关系：多元与统一、传统与现代、本民族与他民族。这种课程模式在教育过程中既充分挖掘民族文化的精华又积极吸纳现代文明的精髓，传统文化和现代文化相得益彰；兼顾民族文化的传承和主流

---

① 周炳群. 文化共生与民族地区文化发展[J]. 广西民族大学学报（哲学社会科学版），2008（6）：116.

文化的传播，符合我国多元民族文化一体化的文化格局；课程模式使得本民族的文化在与其他少数民族文化的交流中磨合自身，取长补短，实现民族文化在创新中发展。②这种课程模式强调教育的理性价值，而不是一味注重教育的工具价值，注重对学生民族个性的培养，建构学生的精神家园，培养学生传承民族文化的能力和创新能力，培养民族特色文化人才。通过教育使学生具有强烈的民族认同感和归属感，这种源自心灵的民族感情是民族文化绵延不息的动力源泉。正如苏联教育家凯洛夫所说，“没有强烈的感情，就不会有强烈的志向，也不能够热烈地把这个志向体现于事业上”。[①]这种课程模式重视培养学生对民族文化的热爱之情，这是实现文化传承的重要前提。同时加强学生对民族文化精神的谙熟程度，提升保护、传承、发展民族文化的综合能力，对于实现民族文化的长远发展意义非凡。

（二）“异质共存，凸显特色”的课程内容

民族文化教育内容的选择直接影响着课程目标的实现。民族院校要结合自身的特色开发地方课程和校本课程，根据本民族的特色文化，深入开发民族文化元素，编写系列民族文化教育的特色教材，把国家教材、地方特色教材和校本教材的优点有机融合起来。文化合作是文化共生现象的本质特征之一，文化合作根源于文化共生所伴随的文化竞争，这种竞争的性质是相互补充和促进，竞争结果不是文化共生单元自身状态和性质的丧失，而是一种继承和保留。[②]多元文化和谐共生，强调发展民族文化教育既不能把发展空间阈限于本民族的文化，也不能排斥其他民族的文化，要达到的是一种异质文化相得益彰又不失本色的境界。民族文化不是一种抽象的存在，其存在形式有三种：一种在于物质层面，一种在于精神层面，一种在于行为层面。因此课程内容的选择就要体现民族文化的三种形态。①课程内容要发掘民族文化的物质形态，把对民族特色器物的学习纳入课程内容，这是彰显民族文化最直接最生动的方式，还可以激发学生的学习动机，有助于深入理解民族文化的内涵。②课程内容要凸显民族

① 参见：李志华. 论教师的学生观[J]. 当代教育论坛，2006（24）：82-83.

② 参见：周炳群. 文化共生与民族地区文化发展[J]. 广西民族大学学报（哲学社会科学版），2008（6）：117.

文化的精神形态，充分体现部落传统的信仰和价值观等内容，这是民族文化发展的灵魂。③要囊括民族文化的行为活动，把丰富多彩的民俗活动引入课程内容，这是民族文化和特色的鲜活体现，既可以对学生进行直接的民族文化教育，又能丰富学生的学习经历。民族文化的传承是理论和实践的有机统一，涉及民族文化的各个层面，只有把民族文化的各个层面延续下去，才能有效避免文化传承断层现象的出现。

（三）“因材施教，灵活多样”的教学方式

课程实施的方式影响着教学效果的有效性。多元文化和谐共生的课程模式对于教师的综合能力提出了更高的要求。一方面教师要谙熟民族文化，具备深厚的民族文化底蕴，做到“知其然”“知其所以然”；另一方面，教师还要因地制宜，因材施教，结合学生不同的文化背景灵活教学，结合通识教育的方法和民族文化的特殊形态衍生出科学合理的“共生教育”方式。首先，要把民族文化的三种存在形态结合起来教学，对于物质层面的传统文化可以让学习采取观察讨论的方式，调动学生的学习热情，让学生“知其然”，进而教师可以采用“植入式”教学把具体的民族精神“植入”民族文化具体的物质形态中，让学生深刻领悟这种民族精神，达到“知其所以然”，最后还可以采用活动课程让学生加入民俗活动中，身临其境地感受民族文化的魅力所在，使学生在潜移默化中学习民族文化，构筑自己的精神家园。在教学中综合使用多种教学方式，把静态学习和动态参与有机结合起来，实现课堂学习和课外活动优势互补，教师和学生在交流中学习，在做中“学”，实现民族文化知、情、意、行的四合一，努力构建全方位多层次的文化交流平台，实现多元民族文化在多方面的动态传承。

（四）“和而不同，互惠共生”的评价模式

“文化互惠共生不是一种文化简单地弥补另一种文化的不足，而是文化共生单元在促进对方发展的同时也使自身获得发展的条件和空间。”[①]民族高等教

① 周炳群. 文化共生与民族地区文化发展[J]. 广西民族大学学报（哲学社会科学版），2008（6）：11.

育因其教育对象文化背景的显著差异性，我们主张因材施教、差异性教学，而多元文化和谐共生强调的是异质文化之间的互惠共生，两者在内涵上具有一致性。在这种互惠共生发展模式下不同文化之间是一种利己利他、多边发展的关系，反映在课程教学上主要体现在传承民族文化和传播主流文化的平衡发展、本民族文化与其他民族文化合作发展、传统文化与现代文明交融发展三个方面。因此课程评价指标的制订应该从以下几个方面着手：①在课程理念上，课程定位是否明确，是否凸显了多元文化和谐发展的价值取向，课程在实现培养目标中的地位如何，课程目标是否清晰明确，是否了解学生的文化差异，学情调查工作是否到位；②在课程内容上是否在充分挖掘民族文化的基础上引进异质文化，是否在发展特色的同时彰显主流文化的引导作用，是否正确处理了统一和多元、传统和现代的关系；③课程的实施方式是否多元灵活，学习情境的创设是否合理，是否运用现代科学技术优化学习环境，是否全面发展学生传承民族文化态度、知识和技能；④综合采用发展性评价、形成性评价、总结性评价三种形式，做好课程开发的规划，及时调控课程发展中出现的问题，调整优化教学方法，在发展中一步步完善多元文化和谐共生的课程模式。

综上所述，多元文化和谐共存的课程模式符合中华民族“和而不同”的传统，也符合当前和谐发展的规律和要求，而且我国多元一体的民族文化格局为这种课程模式提供了发展的空间。

五、加强与社区的联系

美国部落大学设立的宗旨即在结合原住民族部落社区共同促进原住民族语言文化的发展，与社区资源共享，更进一步促进社区经济事业的推展。部落大学的文化特性也减低了原住民族对高等教育的陌生与排斥感，让社区部落人士充分了解并积极参与部落大学的运作及管理。我国目前也积极推动族语教育，由于族语师资缺乏，社区部落里的长老和文化人士也受邀担任教学工作，由社区人士负起文化传承的责任，更能凸显部落文化的代表性。

值得一提的是美国部落大学也担负着部落社区中小学师资培育的工作，师资培育的课程充分结合社区文化的特色，让职前教师更深入了解部落文化。部落大学积极培育当地原住民族师资，这些与学生有相同文化背景的老师在教学上更能充分利用原住民族文化特性来调整自己的教学。我国虽然有一套针对民族地区学校发展的师资培育方案，多元文化教育在教育界有过热烈的讨论，但国内师范学校里多元文化或少数民族文化研究的课程及教学寥寥无几。虽然也设立免费师范生教育，但所培养师资力量仍旧不足以输送足够的人才到民族地区，民族地区高校或民族大学设立相关课程并设立相关研究机构可以弥补这一缺憾，吸引当地有志从事教学的少数民族学生修习教育相关课程，在课程设计上结合民族部落的文化，改善长久以来民族地区师资素质偏低的印象。

本章对美国部落大学营运与发展的探讨，仅概略地陈述其历史、营运及现况，从高等教育的层面并非仅止于此，其他重要的议题也在学界被广泛提及，例如，非保留地少数民族的高等教育问题和非部落大学的原住民族学生教育问题，原住民族学生的中途辍学、学习适应、文化认同等都亟待改善。国内也有类似的问题，少数民族学生离开民族地区到新的学习环境去，往往要花很长的一段时间来适应，此刻正是重新思考少数民族高等教育发展的时机，而民族地区高等教育与我国民族院校如何营运将影响我国少数民族整体教育发展与实现教育均衡发展。

第四节　研究的限制与后续研究的建议

一、研究的限制

本书的美国原住民族人口统计资料，来自美国人口普查局与美国教育统计中心，原住民族统计数据对象仅包含印第安人与阿拉斯加原住民族，未包含全体原住民族，故统计数据会有误差，是为研究限制之一。

至 2016 年，美国境内共设立 40 所部落大学，每所学校皆会考虑当地民众和部落的需求，进而其使命宣言、课程体系、管理体制皆体现不同的特色。由于部落大学发展的多元性，致使学校各具特色，但考虑研究主题与目的，研究者无法一一罗列各校资料，是为研究限制之二。为呈现整体样貌，本书以整合全体部落大学能呈现的数据为主，并辅以部分学校资料作说明。

本书主要以中、英文文献为参考资料，关于原住民族个别教育或行政单位资料、若干文献中以原住民族语言呈现的相关词汇且无英文说明者，由于研究者语言的限制，只能以原文呈献，是为研究限制之三。

最后，以比较教育研究与比较教育诸前辈学者为鉴，美国部落大学进行实地考察与研究，以深入了解美国部落大学作为比较基准，作者虽然于 2015 年 8 月 25 日至 2016 年 8 月 25 日作为访问学者奔赴美国马里兰做相关研究，也曾至印第安博物馆获取相关资料，但由于研究者资源与时间限制，无法前往美国部落大学进行调研搜罗更多第一手资料，是为研究限制之四。

二、民族院校研究愿景

（一）世界原住民族高等教育的研究

现正处于全球化与信息发达又流通快速的时代，各国原住民族可通过网络及国际会议进行交流，对原住民族高等教育而言，最重要的世界组织为“世界原住民族高等教育协会”，未来研究可进行世界原住民族高等教育网络的探讨，讨论世界原住民族高等教育网络交流的模式与内涵，了解其整体发展。

（二）扩展研究对象并进行比较研究

由于本书仅着重探讨美国原住民族高等教育，前文曾述及当今许多国家的原住民族运动正积极发展，而且原住民族高等教育的发展也因国情差异呈现不同的应对措施，因此建议未来研究对象可扩展到其他国家，例如加拿大、澳大利亚、新西兰等，并进行比较研究，使研究视野更广、更了解全球趋势发展，让研究成果更符合潮流并具有实用性。

（三）研究方法的多元化

由于本书仅进行文献与文件分析，就研究方法而言并不周全，希望今后研究资源与条件许可时，能同时进行问卷调查或实地研究，获取更多第一手资料，并做三角检证，使研究更趋完善。

参考文献

陈·巴特尔，孙伦轩. 论北美印第安人的传统教育[J]. 民族教育研究，2013（1）：99-102.

程明明. 美国部落学院与我国民族学院的比较研究[J]. 西北第二民族学院学报（哲学社会科学版），2005（1）：112-115.

代影. 美国印第安人教育发展历程[D]. 中央民族大学，2009.

丁见民. 美国印第安人教育发展的新趋势[J]. 河南师范大学学报（哲学社会科学版），2009（2）：203-206.

甘永涛. 美国部落学院教师生存与发展状况探微[J]. 民族高等教育研究，2014（5）：12-16.

甘永涛，孟立军. 美国部落学院（TCUs）学生状况探微[J]. 民族高等教育研究，2014（03）：10-17.

甘永涛，安萍. 从“幽灵之舞”到“自决之路”——美国印第安人高等教育政策的演进[J]. 现代大学教育，2015（05）：55-60.

胡炳仙，张望. 美国部落大学的治理结构[J]. 湖北师范学院学报（哲学社会科学版），2013（05）：122-128.

胡玉萍.从同化到多元：二战后美国印第安人教育政策及其制度特征[J]. 民族教育研究，2015（05）：124-129.

李剑鸣. 文化的边境——美国印第安人与白人文化关系史论[M]. 天津：天津人民出版社，1994.

邱仁富. 文化共生论纲[J]. 兰州学刊，2008（12）：155-158.

邱仁富. 少数民族地区多样性文化共生发展的传统模式[J]. 前沿，2010（01）：76-79.

饶琴. 美国印第安保留地高等教育发展研究[D]. 金华：浙江师范大学硕士学位论文，2006.

眭依凡. 大学使命：大学的定位理念及实践意义[J]. 教育发展研究，2000（9）：18.

孙杰远. 文化共生视域下民族教育发展走向[J]. 教育研究，2011（12）：64-67.

孙杰远. 走向共生的民族文化发展与教育选择[J]. 教育研究，2012（09）：99-103.

韦宁. 美国蒙大拿州印第安文化课程资源开发及其启示[D]. 重庆：西南大学硕士学位论文，2008.

翟巧相. 美国联邦政府对印第安人教育政策的演变[D]. 保定：河北大学硕士学位论文，2005.

Alaska Standards for Culturally-Responsive Schools. Assembly of Alaska Native Educators，1998. http：//www. ankn. uaf. edu/publications/standards. html. 2016-11-23.

Arizona F. Family，Community，and School Impacts on American Indian and Alaska Native Students' Success. The 32nd Annual National Indian Education Association Annual Convention. http：//jan. ucc. nau. edu/jar/AIE/Family. html. 2016-10-15.

Bart C K. Industrial Firms and the Power of Mission[J]. Industrial Marketing Management，1997（26）：371-383.

Bart C K，Tabone J. Mission Statement Content and Hospital Performance in the Canadian Not-for-profit Health Care Sector[J]. Health Care Management Review，1999（3）：18-29.

Bauer D A. Do They Work？Developmental Courses in Mathematics and English at Sitting Bull College[D]. Grand Forks：Univ. of North Dakota，2010.

Bogue E G，Aper J. Exploring The Heritage of American Higher Education：The Evolution of Philosophy And Policy. Phoenix，Ariz：Oryx Press，2000.

Broker P L. Gichi-inendamang Anishinaabe-bimaadiziwin（Honoring the Culture）：A Case Study of the No Child Left Behind Act's Influence on Culturally Based Education in a Bureau of Indian Education School Serving Ojibwe Students in Minnesota[D]. Minneapolis：Univ. of Minnesota，2010.

Bull C C，Lindquist C，Gipp D M. An Act of Sovereignty：Governing Tribal Higher Education[J]. Tribal College. 2015（4）：18-22.

Carr S. A Tribal College Sticks to Its Values as It Embraces Distance Education[J]. The Chronicle of Higher Education，2000（47）：A41.

Crawley C K S. Cultures Out of Sync Bilingual Education on the Crow Indian Reservation[D]. Berkeley：Univ. of California，2008.

Deloria V. Behind the Trail of Broken Treaties：An Indian Declaration of Independence[J]. New York：Delta Publishing Co.，Inc.1974.

Desmidt S，Heene A. Mission Statement Perception：Are We All on the Same Wavelength？A Case

Study in a Flemish Hospital. Ghent University, Faculty of Economics and Business Administration，2006：77-87.

Fox S J. Connecting Cultures and Classrooms：K-12 Curriculum Guide（Language Arts，Science，Social Studies）[M]. Montana：National Indian School Board Association，2006.

Fredericks S E. Cultural Understanding：A Phenomenological Study of Non-Native American Tribal College Faculty Lived Experiences[D]. Minneapolis：Univ. of Capella，2008.

Ireland R D，Hirc M A. Mission Statements：Importance，Challenge，and Recommendations for Development[J]. Business Horizons，1992（3）：34-42.

Kathryn A A. Bridging Cultures：American Indian Students at the Northfield Mount Hermon School[D]. Durham：University of New Hampshire，2009.

Keesing F M. The Problem of Indian Administration[M]. Baltimore：Johns Hopkins Press，1928.

Klemm M，Sanderson S，Luffman G. Mission Statements：Selling Corporate Values to Employees[J]. Long Range Planning，1991（3）：73.

Kostelnick J C，Rowley R J，et al. Developing a GIS Program at a Tribal College[J]. Journal of Geography，2009（2）：68-77.

Martin R G. Serving American Indian Students in Tribal Colleges：Lessons for Mainstream Colleges[J]. New Directions for Student Services，2005（109）：79-86.

Matusitz J. Native American Students in U.S. Higher Education：A Look from Attachment Theory[J]. Interchange，2016（47）：91-108.

Nelson C A. American Indian College Students as Native Nation Builders：Tribal Financial Aid as a Lens for Understanding College-going Paradoxes[J]. Dissertations & Theses-Gradworks，2015.

Nelson L. Tribal College Culture-Based Education Impacts American Indian Students in North Dakota[D]. North Dakota：University of North Dakota，2007.

Office.http：//www.gpo.gov/fdsys/pkg/FR-2002-07-08/pdf/02-17274.pdf. 2015-07-23.

Swisher K G，Tippeconnic J. Next Steps：Research and Practic to Advance Indian Education，Eric Clearing House on Rural. 1999.

Thompson A J. Effect of 1994 Land-Grant Act on Tribal Colleges Agricultural and Native-Knowledge-Based Curricula[D]. Vermillion：University of South Dakota，2010.

International Journal of Qualitative Studies in Education，2012（25：7）：841-853.

Want J H. Corporate mission[J]. Management Review，1986（75）：46-50.

Ward C，Jepson S J，Jones K W，Littlebear R E. Making Math Count：Tribal College Leadership in Education Reform on the Northern Cheyenne Reservation[J]. American Indian Culture and Research Journal，2014，38（3），107. http：//search. proquest. com/docview/16518224 63?accountid=31943.

Wright B，William G T. American Indians in Higher Education：A History of Cultural Conflict[J]. *Change*，1991（23）：11-18.

Zanowski C. The Four-Year Tribal College Experience and its Impact on American Indian Students：A Study in Culturally-Based Education[D]. Chicago：University of Loyola University Chicago，2008.